A VIDA DESCALÇO

ALAN PAULS

A vida descalço

Tradução
Josely Vianna Baptista

Copyright © 2006 by Alan Pauls

Grafia atualizada segundo o Acordo Ortográfico da Língua Portuguesa de 1990, que entrou em vigor no Brasil em 2009.

Título original
La vida descalzo

Capa
Violaine Cadinot

Imagens de capa
Menina e bola: Angelo Giampiccolo/ Shutterstock
Guarda-sol: Isabelle OHara/ Shutterstock

Imagens de miolo
Arquivo pessoal do autor

Revisão
Camila Saraiva
Eduardo Santos

Dados Internacionais de Catalogação na Publicação (CIP)
(Câmara Brasileira do Livro, SP, Brasil)

Pauls, Alan
  A vida descalço / Alan Pauls ; tradução Josely Vianna Baptista. — 1ª ed. — São Paulo : Companhia das Letras, 2023.

  Título original: La vida descalzo.
  ISBN 978-65-5921-393-1

  1. Ficção argentina I. Título.

22-133928   CDD-Ar863

Índice para catálogo sistemático:
1. Ficção : Literatura argentina Ar863
Cibele Maria Dias – Bibliotecária – CRB-8/9427

Todos os direitos desta edição reservados à
EDITORA SCHWARCZ S.A.
Rua Bandeira Paulista, 702, cj. 32
04532-002 — São Paulo — SP
Telefone: (11) 3707-3500
www.companhiadasletras.com.br
www.blogdacompanhia.com.br
facebook.com/companhiadasletras
instagram.com/companhiadasletras
twitter.com/cialetras

De dia, na praia, era outra coisa. Fala-se com estranha cautela quando se está seminu: as palavras não soam do mesmo jeito; cala-se, às vezes, e parece que o silêncio libera, por si só, palavras ambíguas.

Cesare Pavese, *A praia*

Sonha-se muito na praia. O programa de uma noite normal em Cabo Polonio — a praia do Uruguai onde passo os verões há cinco anos — tem certo ar de família, com as seguidas maratonas que eu via com meu pai e meu irmão, quando éramos crianças, num cinema da Las Heras com a Agüero, o Roxy, demolido quando todos nós já havíamos esquecido o seu nome. Cada sonho, digamos, equivale a um filme. Cada noite inclui três ou quatro sonhos. Entre um sonho e outro, como nas velhas sessões do Roxy, há um intervalo. São lapsos precários, de duração incerta, nunca se sabe se premeditados ou acidentais, de modo que ou a gente fica onde está e espera quieto que a projeção seja retomada, ou se levanta e num pulo faz o que tem a fazer o mais rápido possível, para voltar a tempo do início do próximo filme.

 Dado que na temporada de verão de 2005 a programação onírica foi especialmente frondosa, resolvi fazer um registro esporádico do que se passou. Transcrevo o que me coube na noite de quarta-feira, 16 de fevereiro.

Primeira sessão. Jack Nicholson nos convida a passar alguns dias em seu hotel de Los Angeles. Antes que a ação do sonho se inicie, como nos videoclipes que, na entrega do Oscar, ilustram a atuação ou a trajetória dos indicados, vejo uma montagem de cenas de Nicholson retiradas de filmes que não existem. Nicholson astronauta (manipula no ar uma maquininha de barbear não submetida às leis da gravidade). Nicholson astro de futebol americano (sofre uma lesão no ciático quando vai amarrar os cadarços das botinas). Nicholson astrólogo (desesperado, procura um mapa astral no meio de um maço de fotocópias de garotas nuas). A ação do sonho não começa nunca.

Segunda sessão. Uma galeria de arte. Em pleno vernissage, um escritor que conheço (que, a rigor, conheci bastante bem há muitos anos, quando ele ainda não era escritor, mas um quadro ascendente da juventude democrata-cristã, fanático por ficção científica e devoto da fé marista) comenta comigo em voz baixa os sérios problemas nos quais está metido outro escritor que conheço, que mora na França e sobre o qual eu, desconfiado por natureza de toda bondade que chame demasiadamente a atenção e muito mais, portanto, da espécie de altruísmo que se espalha alegremente aos quatro ventos, como um novo-rico espalha suas notas recém--saídas da fábrica, não consigo evitar que se espalhe o boato de que seja um dos representantes de Satanás na Terra.

Terceira sessão. Vou a um show de Miguel Mateos, o único outsider genuíno do rock nacional. Impressiona-me, principalmente, o público: rapazes de província de vinte anos, engomados, vestidos de terno escuro, gravata fininha e sapatos abotinados. Noto que é o mesmo público que vai assistir aos pregadores que lotam os ex-cinemas da avenida Rivadavia, hoje reciclados para funcionarem como restaurantes self-service cristãos com crucifixos de neon, cortinas vermelho-sangue e tapetes sintéticos que transformam os fiéis em verdadeiras pilhas ambulantes.

Por que se sonha tanto na praia? Em Cabo Polonio, imagino, para compensar os efeitos de certa síndrome de abstinência. O lugar não tem luz elétrica — não tem cinema, televisão, não tem computadores —, e é tão indigente que as formas de comunicação publicitária mais elaboradas que tolera são as pichações da política municipal (*Chiruchi Putazo*, dizia uma de dois verões atrás, destinada, segundo me contaram, a cortar pela raiz a carreira de um candidato a prefeito) e os painéis dos cigarros Nevada, que, indiferentes a tudo, quase comunistas em sua intransigência, limitam-se a reproduzir com orgulho a clássica bicromia — vermelho, verde — da marca. Em outras palavras: sonha-se muito porque a praia é um território *livre de imagens*. Todo seu sex appeal — e também sua invejável capacidade de alienar — repousa nessa espécie de castidade icônica, que as paisagens marítimas só compartilham, creio, com um de seus dois precursores naturais: os desertos. (O outro precursor é a ilha.) A areia e o mar toleram mal a *atualidade* das imagens, não sua potência; diferentemente de paisagens como a selva ou a montanha, cujas nervuras e detalhes, de uma dramaticidade flagrante, sempre saltam à vista, têm uma textura homogênea, neutra, como de suportes ou superfícies, resistente a qualquer im-

9

pulso de figurar, mas, ao mesmo tempo, incrivelmente fértil na hora de inspirar figurações. Assim, os sonhos, com suas imagens virtuais, são para a praia o que as miragens são para o deserto: a *outra cena* de um espaço. (As imagens não podem coexistir com o espaço: só aparecem quando o espaço real se dissipou no sono ou na alucinação.)

Dessa equívoca relação entre a praia e as imagens deriva uma das grandes decepções de meu prontuário de férias: o drive-in. Eu tinha uns seis anos quando fui a um pela primeira vez, em Villa Gesell. Ele fora montado longe do centro, numa faixa perdida da zona norte, entre a Avenida 3 e o mar, e o promoviam com a pompa que merecem, em geral, os anseios mais espetaculares de modernização, como se comemorassem o milagre de ter importado a Disneyworld para um obscuro aterro do sul da província de Buenos Aires. Foi o primeiro e único que conheci, e essa primeira vez foi também a última. (A rigor, tudo o que sei sobre drive-ins aprendi depois, *no cinema*, vendo-os em filmes como *Targets*, de Peter Bogdanovich, cuja longa sequência final — um monstro sagrado dos filmes de terror que foge, uma perseguição, um tiroteio — acontece em meio a uma projeção num drive-in, contra um fundo onde se convulsiona, numa série de primeiros planos crispados, a cara do próprio monstro que foge.) Quando chegamos, tão cedo, dada minha impaciência, que um funcionário mutante e sem modos, misto de bilheteiro, policial e *valet parker*, obrigou-nos a esperar lá fora até que a noite caísse completamente, eu estava tão excitado que meu pai, permissivo por natureza ou por culpa, e muito mais permissivo em fevereiro, não só por ser época de férias mas porque, separado havia anos de minha mãe, com quem eu passava os janeiros no campo, ensurdecido pelas cigarras na hora da sesta, ou em Mar del Plata, subindo e descendo encostas de bicicleta e me apaixonando por garotas impossíveis, entre elas uma altiva dupla de primas por afinidade, ele que se propusera a tarefa, quase a missão, executada com tanto afinco que mais de uma aspirante a namorada, incorporada a um desses veraneios com a ideia de enternecer meu pai compartilhando não apenas sua cama mas também os escombros de sua vida familiar, deve ter ficado pelo caminho, cuspida como um caroço de azeitona por uma vida familiar suficientemente povoada para não precisar dela, de que a intensidade e o prazer de nossos fevereiros apagassem literalmente os janeiros passados com minha mãe, ele ameaçou me prender com o cinto de segurança se eu não me acalmasse. Resta saber se em 1967, efetivamente, os Fiat 600 tinham cintos de segurança nos bancos traseiros. Em nome de tudo o que o passado dota desses resplendores que nenhum presente jamais confirmará, mas que tampouco terá direito a desmentir, a tal ponto ambos, presente e passado, pertencem a jurisdições diferentes. Em todo caso, talvez por ter sido inesperada, a ameaça surtiu efeito. Fomos os primeiros a chegar, os primeiros a estacionar no imenso pátio deserto — não sem nos demorarmos em marchas e contramarchas, porque meu pai, como o funcionário da entrada e os pouco mais de dez ou doze carros dispersos com os quais acabaríamos compartilhando aquela desoladora projeção inaugural, provavelmente a estreia mais desastrosa da história mundial do espetáculo ao ar livre, ignorava completamente o protocolo de comportamento em drive-ins — e os primeiros a ficar frente a frente, em meio ao esplendor da noite, com a única e verdadeira atração que essa variante do entretenimento norte-americano, filha do casamento da indústria automotiva com a do cinema, tinha para nos oferecer: uma gigantesca tela *completamente em branco*. Salvo o filme que anunciavam (*O calhambeque mágico*, provavelmente, ou *Esses homens maravilhosos e suas máquinas voadoras*, em todo o caso, um que havíamos visto há um ou dois anos, ao longo de três domingos seguidos, no Roxy da Las Heras com a Agüero) e que só vimos até a metade, quando um relâmpago que riscou o céu sem que nada o anunciasse deu-nos a força para ir embora que o tédio nos negava, eu me lembro de tudo: do cartão-postal imaginário de nosso carrinho com as luzes apagadas, imóvel no meio do estacionamento e sozinho diante da tela, como dois duelistas num mundo habitado apenas por seres inanimados e rudimentares, e depois do plano detalhe: eu sentado dentro do carro, na beirada do banco de trás, tentando não me deixar distrair pelas mil agulhinhas que o couro sintético do estofamento, ao se colar à pele, cravava em minhas coxas avermelhadas — outro dia passado sob o sol das nove da manhã às nove da noite, segundo a rotina draconiana com a qual meu pai parecia me treinar para um hipotético destino de lagarto ou para algum cargo na Legião Estrangeira — eu olhando fixo, como que hipnotizado, para aquele retângulo de tela que brilhava contra o fundo do céu noturno, enquanto meu pai se acomodava de perfil no banco da frente e acendia um cigarro com um isqueiro Zippo de alumínio. Nesse prólogo irrelevante fulgura e morre para mim a glória do drive-in na praia. O prazer do cinema ao ar livre, na fresca da noite estival, a promessa de integrar o carro à economia do entretenimento familiar (e de tornar pública a cerimônia privada da domesticidade televisiva), o atrativo das imagens em grande escala: todos os argumentos que tinham avalizado a ideia de instalar um drive-in num balneário como Villa Gesell desmoronaram pouco depois, quando o filme começou, diante de uma evidência instantânea: o espetáculo, o verdadeiro, o único que o mundo da praia não rejeitava, por considerá-lo redundante ou vexatório, era o da tela em branco, espécie de cinema virgem, *passivo*, que não fascinava pelo que irradiava, e sim por todas as imagens que era capaz de suscitar.

No final dos anos 1960, atiçados pelo anticapitalismo cultural, pelo inédito barateamento das passagens aéreas (167,80 dólares o trecho Nova York-Luxemburgo) e pela epidemia de guias para viajantes *low budget* ("Europa por 5 dólares diários"), os hippies subiram em suas escalafobéticas kombis e saíram para reivindicar ermos de mar e areia selvagens como Hvar, Santorini, Ibiza, Cancun ou Belize. "Vamos morar na praia e não temos a menor necessidade de coisas caras como a tecnologia elétrica", pode-se ouvi-los se gabar na revista *Life* em 1969. "A energia que percebemos em nosso interior vai além da eletricidade: é atômica, cósmica, é felicidade." Muitos desses paraísos são hoje meros infernos superpovoados com vista para o mar, e as promessas naturais com que há trinta e cinco anos atraíam os contraculturais jovens de vinte anos de Woodstock — as mesmas que no século XVIII tinham deixado o pobre Robinson Crusoé desesperado — frequentemente jazem sepultadas sob o peso da especulação imobiliária, do frenesi urbanizador, do boom do turismo de massas e de uma cultura do ócio tornada hegemônica pelo consumo. No entanto, além dessa condição maníaco-depressiva que a mantém numa oscilação eterna, indo e vindo entre o fervor da restauração edênica e o resignado conforto dos prazeres civilizados, a praia — *toda* praia — é *sempre* virgem —, como toda ilha é sempre ilha deserta —, não importa quão próxima esteja de seu passado primitivo nem quanto a tenha colonizado o modelo capitalista de exploração do tempo livre. E se é virgem sempre é porque essa virgindade já não é um estado natural, suscetível de se manter ou de se degradar, capaz de receber cuidados ou de sofrer alterações, mas um *conceito*. Hoje mais do que nunca, a praia encontra na virgindade algo muito mais categórico do que um estado de perfeição: encontra sua Ideia.

Villa Gesell é a prova histórica (e também pessoal) dessa condição platônica: a praia como superfície neutra e absorvente, como espaço-tela por excelência e, portanto — daí as ameaças de ruína que sempre pairam sobre ela —, o non plus ultra do conquistador, do *adelantado*, do pioneiro, que pode se dar ao luxo de projetar nele as imagens mais arbitrárias sem ter a impressão — sem sentir culpa — de estar contrariando alguma natureza original. Falo de Villa Gesell — onde passei meus fevereiros durante mais de quinze anos — e, em termos gerais, dos mais ou menos trinta quilômetros de costa que se estendem entre Gesell e Pinamar. Só o parentesco profundo que une a insipidez visual da areia a qualquer superfície projetiva — tela em branco, papel, lençol, teto, abóbada onírica — pode explicar que essa tradicional faixa da orla argentina, onde o calor no verão alcança os trinta e cinco graus e os invernos mais inclementes raras vezes disparam o frio abaixo de zero, milite há quarenta longos anos num imaginário turístico-cultural tão excêntrico quanto o do norte e o do centro da Europa, com seu recalcitrante repertório de línguas, botânicas, arquiteturas, ambientações, indumentárias e gastronomias invernais.

Naturalmente, nada disso podia chamar minha atenção aos três ou quatro anos, quando meu pai alemão, chegado à Argentina aos seis e nunca naturalizado argentino, apesar de já aos catorze, fruto, sem dúvida, de um reflexo de superadaptação, conhecer as ruas de Buenos Aires, o dialeto rio-platense e a formação dos times de futebol locais melhor do que qualquer um de seus colegas aborígenes de colégio, levou-me, junto com meu irmão mais velho, a Pinamar, ao hotel Veneza — cujo z sempre me pareceu um erro de ortografia — e a Gesell pela primeira vez. Na época, eu só tinha olhos, como se diz, para a horizontalidade infinita do mar e da praia, que gostava de varrer encarapitado na ponta das dunas e girando cento e oitenta graus sobre meu próprio eixo, como nem mesmo hoje consigo recordar sem sentir um pouco de vertigem, em amplas panorâmicas que reiniciava diversas vezes e das quais saía indefectível e felizmente enjoado. Quando fiquei maior, no entanto, embora não tenha precisado esperar muito, já não consegui voltar àqueles lugares que, no decorrer dos anos, envilecidos até a náusea por prefeituras erráticas, falta de planejamento, empreendimentos imobiliários de uma mediocridade inimaginável e os mais mesquinhos interesses comerciais, a única "identidade" a que pareciam aferrar-se com unhas e dentes era justamente aquela que por natureza menos sintonizava com eles: o strudel, a torta *dobosch*, as vogais com diérese, os relógios cuco artesanais que escondiam na manga a hora certa para torná-la pública de repente, nas paredes de madeira dos restaurantes, emboscando os comensais com a colher a meio caminho entre a sopa de batata e os lábios, toda essa cor local centro-europeia que tinham projetado e terminado por imprimir neles seus fundadores, o Velho Gesell à frente, com seu ar falaz, à Hemingway, e suas tesouras sempre bem afiadas, prontas a lembrar aos primeiros hippies que fugiam da alienação de Buenos Aires quem era que impunha em *La Villa* — como era chamada na época e como continuam a chamá-la agora aqueles que se gabam de tê-la conhecido antes, naquela pré-história confusa, tão inverificável quanto a famosa questão do Fiat 600 e dos cintos de segurança traseiros, na qual, ao que parece, não passava de um punhado de dunas inconstantes — a tendência em estética capilar, moral e bons costumes, sem jamais perguntar, evidentemente, pela conveniência ou pela incongruência dessa imposição — quando maior, como dizia, foi-me impossível voltar a Gesell ou a Pinamar ou até mesmo visitar os múltiplos balneários gêmeos, Mar Azul, por exemplo, ou o Mar de las Pampas, que desde então não deixam de brotar como cogumelos em suas periferias, sem notar com um espanto um pouco escandalizado o protagonismo exclusivo dos pinheiros nos bosques e os pratos de porco defumado ou o goulash nos cardápios dos restaurantes, a arquitetura alpina como modelo dominante para os chalés dos veranistas e as casas de chá, a madeira escura e os telhados de duas águas, as cortinas com babados, a profusão de toucas e tamancos e aventais com motivos bávaros e tranças loiras que as moças ostentavam, todas as atrações, em suma, dessas sucursais suíças, austríacas e alemãs que a milhares de quilômetros de qualquer acidente orográfico digno de ser chamado de montanha, a apenas cinco minutos a pé da praia e no coração do verão sul-americano (única estação do ano, aliás, na qual recebiam visitantes e incrementavam seus cofres e único motivo que justificava que figurassem no mapa da província de Buenos Aires), não paravam de promover todas as mitologias imagináveis do frio.

Nunca, nem mesmo em meus anos de fanatismo gesellino, que foram longos, felizes e em determinados momentos tão veementes que o nome de qualquer outra praia, proferido de passagem por algum colega no primeiro dia de aula, soava a meus ouvidos como uma declaração de guerra — Punta del Este, principalmente, cercada de uma aura de prestígio que para mim, que não conhecia Punta a não ser de ouvir falar, só repousava em três privilégios, um mais desprezível do que o outro, primeiro, o fato de estar "no estrangeiro", segundo, a concentração de riqueza de que se vangloriava e, por fim, um confuso mas influente glamour erótico no qual confluíam a exibição de todos os filmes que a sistemática censura argentina da época proibia, a venda livre da *Penthouse*, da *Playboy*, da *Oui* e de todas as publicações de pornografia leve que jamais chegavam às bancas de Buenos Aires (e que depois, ao longo do ano, para conquistar a reputação a que não conseguiam aceder por vias legais, muitos de meus colegas roubavam dos armários onde as guardavam seus pais, dissimuladas entre pulôveres, e levavam, camufladas como livros didáticos com capas suspeitosamente flexíveis, ao colégio, onde as alugavam durante os recreios e somavam a uma fama já miseravelmente venal a nada desprezível caixinha que depois investiam em chicletes ou cigarros ou perdiam no pôquer) e um tugúrio mítico chamado *Hiroshima*, misto de clube de província, bar de garotas de programa e prostíbulo onde, a julgar pelos testemunhos que proliferavam no primeiro dia de aula nos pátios das escolas abastadas, havia debutado ao mesmo tempo nos prazeres do sexo e nas supurações da sífilis uma generosa porcentagem de filhos da classe média e média alta e da burguesia portenhas —, nunca pude entender como uma praia como Villa Gesell, cuja sorte, como a de qualquer praia, dependia de uma feliz conjunção de fortuitas variáveis estivais (calor, sol, estabilidade climática etc.), podia sobreviver a essa prodigiosa amnésia de verão que apregoavam o chucrute, a *sachertorte*, os torrones, o chocolate e todos os demais agentes de proselitismo centro-europeu que espreitavam em seus pontos estratégicos.

E, no entanto, graças a Deus, sobrevivia. Incongruente e democrática, sobrevivia, graças, em parte, à dinâmica anárquica na qual mais cedo ou mais tarde terminavam centrifugados todos os balneários daquela faixa de costa atlântica, que não se opunha nem pretendia abolir e nem sequer tinha opinião sobre, por exemplo, bastiões da vanguarda centro-europeia como a legendária Doceria Holandesa, as guloseimas húngaras do Pipach ou a Casa Böhm, onde — *noblesse oblige* — lembro-me de ter comprado, de calção e sandálias, com a pele branca de sal e os ombros em processo avançado de descascamento, os primeiros livros que eu mesmo escolhi, *Final de jogo, Todos os fogos o fogo, Os prêmios*, que selaram para sempre uma caprichosa aliança entre Cortázar e a praia, mas que, antes, sitiavam-nas, cercando-as, acuando-as espontaneamente com a multiplicação e o avanço incontrolável das lojas de roupa, dos locais de jogos para crianças, das pizzarias e lanchonetes, das barraquinhas de artesanato, dos bares, das lojas de couro e de bijuteria, e sobrevivia também, em parte, se não me falha a memória, graças à intransigência da comunidade hippie--mochileira, que desafiava a moral oficial e continuava ocupando campings, bosques e dunas com suas barracas deterioradas, suas fogueiras noturnas, seus violões, seus bafos de patchouli, e que no final dos anos 1960, enquanto o Velho Gesell e seus sequazes formalizavam o Plano Galopante, o programa de loteamento que traçaria os destinos imobiliários da Villa durante a década de 1970, estabelecera uma aliança estratégica, talvez menos política que cultural, com certo setor quinta-colunista do show business alternativo de Buenos Aires, fundador do chamado *café concert* e responsável, por outro lado, pela engenhosa *arte de nomear* — espetáculos, salas de teatro, bares (La Bota Rota, Juan Sebastián Bar) e, por extensão, tudo aquilo que para comunicar sua existência recorresse a um anúncio luminoso — que mais tarde se transformaria na marca registrada da Villa Gesell progressista.

As praias mais puras nunca são mais puras que a areia que as constitui, e a areia pode ser qualquer coisa, menos pura. Está repleta de resíduos: restos de rochas, recifes, corais, ossos, conchas, valvas, caracóis, peixes, plâncton. A essa impureza ancestral, da qual um único de seus grãos, examinado em seu tamanho, forma, textura ou composição por um especialista em sedimentologia modernamente sagaz, permitiria reconstruir o local do qual procede e o tempo e os processos que o levaram até determinada costa (calcula-se, por exemplo, que a areia de Miami tenha treze mil anos de idade), Villa Gesell acrescentava outra, não geológica, mas cultural, e, muitos poderão dizer, inconfundivelmente argentina, que fazia coexistir dunas com geleias de rododendro, Land Rovers da guerra arruinados com canções de protesto decalcadas de Georges Brassens, ruas de terra e gays calçando sandálias de couro trançado, praias tão amplas que em pleno sol era impossível atravessá-las descalço, com bares como La Jirafa Roja, carnes de javali e céus azuis que perduravam, impassíveis, semanas a fio, centros de perdição infantil como o Combo Park — com suas mesas de pingue-pongue, seus pebolins de ferro, seus fliperamas, suas pistas de boliche automáticas e, sobretudo, seu sistema de fichas, primeira moeda de uso infantil e primeira noção geral de equivalência econômica, que as crianças compravam por conta própria de funcionários apenas um ou dois anos mais velhos do que elas, sempre mal-humorados — com cantores sensíveis ("*Era la tarde/ la tarde cuando el sol caía/ la tarde cuando fuiste mía/ la tarde en que te vi, mi amor*"), hotéis residenciais dirigidos por famílias croatas com go-go girls, anciãs alemãs que já na época — corriam os sangrentos anos 1970 — reivindicavam os direitos dos animais com roqueiros de peito afundado e costelas marcadas, duchas ao ar livre com *varietés* noturnas como *La mandarina a pedal* ou *Nacha de noche*. E se essa incongruência pôde ser possível, se hoje é, o que quer que digam seus detratores — em primeiro lugar os "gesellinos" de primeira hora, esses profissionais do desconsolo —, o que há de mais parecido com um estilo Gesell, é porque não há geografia mais em branco, mais dócil, mais suscetível de reescrituras arbitrárias que a geografia da praia. Pode ser, claro, que não exista hoje em toda Villa Gesell um único lugar digno de se chamar de virgem. Pode ser que o paraíso Gesell, como todos, seja um paraíso perdido. Mas ninguém que vá a Gesell — não importa se invocando os prazeres da natureza ou os da cultura — poderá negar, depois de voltar, que o que deu verdadeiro sentido a sua viagem, mesmo que a revelação só durasse um instante, foi precisamente algo da ordem do perdido. Não sei por que, procurando que mito de origem, vai à montanha a gente que costuma ir à montanha. Sei que nós, os que vamos à praia — a Villa Gesell ou a Cabo Polonio, a Punta del Este ou a Mar del Plata, a Florianópolis ou a Mar del Sur, a Cozumel ou a Goa — vamos sempre mais ou menos atrás da mesma coisa: das marcas do que o mundo era *antes* que a mão do homem decidisse reescrevê-lo.

Antes — mas talvez depois também. Porque a praia, espaço escatológico por excelência, reúne em sua fisionomia de *tabula rasa* os valores de uma era primitiva, anterior à história, e todos os traços de um cenário póstumo, que uma catástrofe natural ou o impacto de uma força aniquiladora teriam reduzido ao mais elementar: uma paisagem de restos e escombros microscópicos. A praia é ao mesmo tempo o que esteve antes e o que veio depois, o princípio e o fim, o ainda intacto e o já arrasado, a promessa e a nostalgia. Daí que "virgindade", ideia por demais fechada e irreversível, não seja a palavra mais conveniente para descrever o anzol imaginário com o qual continua tentando nos fisgar. Talvez seja melhor falar de *nudez*. A praia, como o deserto, é um espaço nu, e é esse despojamento radical — antes de um maior ou menor índice de primitivismo ou de "natureza" — que a distingue da selva ou de outros emblemas canônicos da virgindade. A diferença não é tanto natural como estética, ou até mesmo de regime de significação; que a praia — ou seja, um território essencialmente composto de mar, costa e areia — seja minimalista não significa que seja muda, nem mesmo que seja lacônica: a praia murmura e fala, só que nela fundo e figura, suporte e traço, parecem indistinguíveis, como se fossem feitos de um mesmo material e compartilhassem da mesma natureza. Fruto de uma ação imaterial, a que exercem sobre o mar e sobre a areia as forças do vento, do sol e das nuvens, os transtornos de luz, de forma e de cor, o aumento ou a diminuição do fluxo das ondas, as mudanças de direção no movimento da água e todos os signos típicos da praia têm algo de falsificado, certo caráter de ilusão óptica, como se aquilo que os produzisse não fosse algum agente externo, como o giz que traça a linha sobre o quadro-negro, e sim o próprio plano do mar ou da areia ao se dobrarem sobre si mesmos.

Essa nudez, que as erupções isoladas de vegetação não fazem senão reforçar, tem um correlato moral quase instantâneo. Espaço imberbe e liso, atravessado por dobras, mas livre de dobramentos, a praia é um lugar franco, transparente, aberto ao céu "como uma boca ou uma ferida", como dizia Camus de Argel e das cidades que dão para o mar. "Desfrutá-la é conhecê-la." Tudo está ali, desdobrado, explícito: o que se vê é o que existe. Estamos no império do visível; não há fundos falsos onde se esconder nem margem para segredos. Os enigmas não cabem na lógica da praia. Se a areia e o mar em pleno sol podem servir de cenário para um crime, não será sem dúvida o crime encriptado no gênero policial, que reclama um investigador que o decifre, mas o crime idiota, insensato, absolutamente exterior — o que Meursault comete em *O estrangeiro*, por exemplo —, que exige apenas um espectador capaz de contemplá-lo perplexo. "A África favorece estranhamente a reflexão", escreve de uma praia na Tunísia o protagonista de *The tremor of forgery*, de Patricia Highsmith. "É como estar de pé nu contra uma parede branca sob a deslumbrante luz do sol. Nada permanece oculto sob esta luz brilhante..."

Talvez ninguém no cinema tenha trabalhado tão sutil e radicalmente essa condição hipervisível da praia como François Ozon na primeira meia hora de *Sob a areia*. Depois de se despedir de seu marido, que decidiu tomar um banho de mar, Charlotte Rampling se estende ao sol e adormece. Pouco depois acorda — impossível saber quanto tempo se passou — e, um pouco atordoada, procura-o varrendo a costa com os olhos. Vê exatamente o mesmo que antes, ou seja: tudo — *menos* seu marido. Revisa o mar, volta a escrutar a praia: é como se a areia ou a água o tivessem engolido. Mas não há rastros do homem no mar, e sob a areia não há nada. (Os franceses sabem disso melhor do que ninguém: depois do grito de guerra de Maio de 1968, *Sous les pavés, la plage!*, a areia, a promessa de fuga e de felicidade, sempre é, antes, o que está debaixo de alguma outra coisa.) O título do filme de Ozon é apenas uma ironia ou uma metáfora, e a possibilidade que ambas as figuras mascaram é sem dúvida muito mais perturbadora que a insinuação de uma latência ou de um ocultamento. Ninguém se esconde na praia, parece dizer Ozon (que nesse ponto compartilha uma intuição profunda com o Michelangelo Antonioni de *A aventura*); todavia, mais de um poderia *desaparecer*.

Não se ocultar, portanto, porque fugir do olho solar é impossível, e sim tornar-se fumaça e perder-se são as únicas possibilidades de contrariar o regime *evidente* da praia. Ou talvez, quem sabe, de levá-lo às últimas consequências. Pois não é justamente a nudez manifesta que a rodeia —

essa profusão de corpos uniformizados pela falta de roupa — o que leva a criança, toda criança, a se perder na praia? A cena é tão clássica quanto queimar as plantas dos pés na areia escaldante do meio-dia ou se agachar à beira do mar, investigadores amadores, para virar com um pedaço de pau uma água-viva moribunda ou o cadáver de um caranguejo. Se na praia, democratizados pela nudez em massa, todos os corpos se parecem, na altura da criança, que é a altura da confiança e da vulnerabilidade, todos são duplamente idênticos: qualquer mão adulta que surpreendamos suspensa no ar junto de nossa cabeça pode ser a de nosso pai (pelo no dorso, relógio, um cigarro) ou a de nossa mãe (unhas pintadas, brandindo os óculos), e qualquer uma, também, pode ser a mão de qualquer um. De repente nos descobrimos de pé, um pouco vacilantes, em meio a um exuberante bosque de pernas e trajes de banho, e as cabeças, rostos, olhos, vozes, tudo o que poderia representar uma identidade e nos acalmar, ficaram lá no alto, longe demais, tanto, quase, quanto o sol, que de vez em quando, ao levantarmos os olhos, desponta por detrás da aba do chapéu que o eclipsava e nos ofusca (e o rosto sob o chapéu mergulha na sombra e já *não nos diz nada*), e então, assaltados por um leve sopro de pânico, deslizamos nossa mão no oco da que temos mais próxima — sem pensar, porque a mão que temos mais próxima *não pode não* ser a mão de alguém próximo. E em determinado momento algo se ativa no corpo ao lado, o corpo adulto, e começamos a caminhar devagar, como que embalados pelo ritmo de uma conversa da qual só nos chegam fragmentos confusos, e depois de alguns passos giramos levemente, disfarçando, com uma curiosidade envergonhada, e por sobre o ombro, esse montinho ossudo onde o sol já começou a descarregar sua malignidade, vemos como tudo vai se afastando lenta, irreversivelmente — tudo: aquilo que reconhecemos, a barraca, o guarda-sol, o balde e a pá, esse meio corpo deitado na espreguiçadeira listrada, e aquilo que nos é completamente desconhecido mas que, pelo simples fato de estar no mesmo lugar onde nós estivemos há alguns minutos nos parece, agora que o perdemos, a coisa mais íntima do mundo — até que cinco ou dez minutos mais tarde, não é preciso muito mais, algo nos ecos da conversa que nos acalentava nos alarma, talvez uma voz que nos golpeia de repente com sua ominosa novidade, talvez o fato de que a conversa já viveu uma vida longa demais, independente demais de nós, e é aí que decidimos erguer a vista e — coincidência fatal na qual o mundo inteiro parece permanecer em suspenso — aqueles olhos adultos que pousam, estranhados, sobre nós gelam nosso sangue.

Duvido que as recompensas do ritual posterior, com seu cortejo de aplausos, suas caravanas espontâneas, seus quinze angustiantes minutos de fama e seu fulminante milagre de ascensão social, pelo qual somos resgatados dos inadvertidos pedestais do mundo e entronizados, monarcas necessitados, sobre os ombros do mesmo crápula cuja enganosa proximidade induziu-nos a nos perder, perfeito desconhecido transformado de uma hora para outra em nossa única possibilidade de salvação, conseguissem fazer esquecer a vertigem atroz dessa fração de segundo. A experiência, no entanto, nunca era totalmente inútil. No mínimo servia para perturbar uma das premissas mais estritas da praia contemporânea — o anonimato coletivo —, inoculando-lhe a bactéria dramática que lhe é mais alheia, *um* papel de protagonista, que a narrativa praiana só parecia tolerar na figura dos salva-vidas, e isso em circunstâncias muito específicas, extremas, de vida ou morte. (Temo que na praia só existam dois caminhos para singularizar-se: ser um herói ou uma vítima. Eu tentei, certa vez, um terceiro — ser um idiota — e fracassei. Estava com um amigo em Mar del Plata, em Punta Mogotes, brincando na areia dura com uma dessas bolas infláveis que a brisa tímida fustiga como quer. Com muito calor, não sei qual dos dois propôs que nos mudássemos para o mar com a bola. Quatro minutos depois a bola flutuava sem controle rumo ao horizonte, rumo àquele Outro Lado do Mar que quando eu era pequeno todos os adultos, não sei se para disparar minha imaginação ou para me aterrorizar, chamavam genericamente de "África", e meu amigo e eu, surpreendidos pela armadilha súbita que o fundo arenoso acabava de armar sob nossos pés, gritávamos, engolíamos água, tossíamos e nos debatíamos com braçadas inúteis, até que finalmente, levados, suponho, por uma ondinha misericordiosa, porque se estivéssemos entregues a nossa própria idoneidade de nadadores não teríamos permanecido à tona nem vinte segundos e também porque ninguém se aproximava para nos socorrer, encontramos o caminho de volta à margem, terra firme mas humilhante onde nos aguardava uma dupla de salva-vidas de pé em frente ao mar, as mãos cruzadas nas costas, os apitos intactos pendurados no pescoço, tão cruéis que, enquanto passávamos a seu lado exaustos, arrastando-nos como podíamos sobre nossas pernas com câimbras, em vez de nos confortar ou de nos repreender, limitaram-se a manter a vista fixa no horizonte e um deles, sorrindo, apontou com o dedo a bola que já se perdia ao longe.)

Só uma familiaridade muito precoce com os usos e costumes da praia pode, de fato, embaçar o brilho de uma obviedade que ainda hoje deveria nos deslumbrar: a praia é o único espaço público onde a nudez quase completa não é uma exceção nem uma infração provocadora, e sim um princípio de existência, uma forma de vida, a lei — tácita e unânime, mas não coercitiva — que rege a convivência humana. "Jamais conseguiremos dar a este costume a importância que tem para nossa época", escreve Camus em 1938. "Pela primeira vez em dois mil anos desnudou-se o corpo na praia. Há vinte séculos, os homens se obstinam em tornar decentes a insolência e a ingenuidade gregas, tentando minimizar a carne e complicar a roupa. Hoje, ignorando essa história, os jovens se precipitam sobre as praias do Mediterrâneo e evocam os gestos magníficos dos atletas de Delos."

Pensada por um veranista contemporâneo, filho do século xx e da cultura de massas, é possível que a relação entre a praia e o corpo se deixe resumir nesse prodígio do laconismo têxtil que foi o biquíni, o traje de banho que Jacques Heim e Louis Réard inventaram em 1946 inspirando-se nas tarjas pretas com que a censura ocultava as zonas proibidas do corpo feminino nas imagens *risquées* da época, e que batizaram com o nome da praia do Pacífico Sul — Atol de Bikini — onde apenas três semanas antes fora detonada a primeira bomba atômica do pós-guerra. Diana Vreeland não poderia definir melhor o impacto que tal invento teria sobre a discrição corporal: "A única coisa que a vestimenta não revelará de uma garota", disse, "é o sobrenome de solteira de sua mãe". Mas o cruzamento entre a areia e a carne é longo e complexo. Quando associa o modo com que os banhistas modernos correm para mergulhar no mar à tradição desportiva grega, Camus cita apenas uma linha histórica, a que faz da praia o cenário privilegiado de uma disciplina e de uma temperança corporais ao mesmo tempo atléticas e guerreiras. Na praia se treinam e se moldam os músculos dos aspirantes a super-homem, dos que cobiçam o pódio das olimpíadas e dos que ardem por desembainhar suas espadas, mas a praia — esse umbral onde têm lugar todos os desembarques, do de Agamenon ao dos aliados na Normandia, passando pelo dos barcos que descarregam imigrantes no sul da Espanha ou pelos *balseros* cubanos nas costas da Flórida — é o lugar crítico onde as facções inimigas frequentemente se defrontam pela primeira vez, e, portanto, é em si mesma teatro de violência e campo de batalha. A praia é sempre *arena* — no sentido mais romano e litigioso da palavra.

Mas há também outro antigo corpo de praia, o corpo sensual, mais voltado para o hedonismo pessoal do que para o duelo, e vem de Roma, da Roma de Justiniano, o primeiro imperador que regulamentou o espetáculo do mar e da areia e que proibiu edificações a menos de trinta metros da costa para proteger as vistas. Segundo o mito, a água da época era fria, e continuaria a ser se Vênus, num de seus arroubos, não tivesse cismado em ver Cupido nadar. Dizem que de sua tocha brotou uma faísca que caiu na baía e ardeu, e que a partir daí quem se banhasse naquelas águas se renderia imediatamente ao amor. O mapa hedônico do Império é fiel ao espírito da fábula. Baiae, antepassado ilustre dos clubes Med, foi durante cinco séculos o resort de praia dos romanos excêntricos, e Antium foi a Palm Beach de Calígula, Nero e outros bon vivants bipolares da Antiguidade. Quando apregoavam as delícias do *otium cum dignitate*, Sêneca ou Plínio, o Jovem, já esboçavam, de algum modo, a estética existencial que Foucault reivindicaria no início dos anos 1980, mas exaltavam principalmente o prazer de lagartear sem pressa junto ao mar, em vilas, banhos e termas onde o cuidado consigo mesmo era inseparável dos prazeres do corpo e da sociabilidade inteligente, complemento perfeito do hedonismo individual.

Mas esse casamento do corpo e da praia não duraria muito. No ano 476 cai o Império Romano: como quatrocentos anos antes o Vesúvio sepultara o auge do turismo em Nápoles, a cultura judaico-cristã esmaga e desaloja o hedonismo romano e um severo programa repressivo se encarniça, ao mesmo tempo, contra o corpo (é o fim, entre outras coisas, do banho, instituição que de instrumento de prazer e limpeza se transforma em ameaça "porque abre o corpo às influências pestilentas", a tal ponto que no século VI a higiene já não será uma questão corporal, mas de vestuário) e contra o mar e a praia (que deixam de ser fonte de vitalidade para pôr-se a serviço de forças abismais e devastadoras). Irregular e confusa, a linha litorânea passa a ser sinônimo de monstruosidade (é o limite que o homem não deve ultrapassar), e o oceano, demonizado pelas mitologias do Dilúvio, torna-se instrumento de caos e destruição. (Um perspicaz casal de praiógrafos argumenta sobre um ponto que muitos já devem estar questionando: o de que entre a praia da guerra e a do prazer talvez haja mais afinidades ou empréstimos do que estamos dispostos a reconhecer. Lena Lencek e Gideon Bosker dizem que o desembarque aliado na Normandia — 6 de junho de 1944 — só foi possível graças à tradição turística da praia. Como não havia levantamentos diretos do terreno — só tomadas aéreas oblíquas, mapas velhos, cartas marítimas desatualizadas —, os aliados avaliaram a topografia do desembarque através de velhos cartões-postais e das fotografias que celebravam mais de um século de despreocupação hedonista ou de aspirações saudáveis, quando os viajantes acorriam em massa às águas do Canal para combater o tédio ou as penúrias físicas. Com a necessária discrição, a BBC cuidou de solicitar e coletar esse arquivo de estampas frívolas que, lidas pelos olhos apropriados, proporcionaram a informação topográfica que permitiria a invasão.)

Exclusiva ou multitudinária, exótica ou tradicional, familiar ou romântica, a praia contemporânea, contudo, ainda conserva muitos dos traços invejáveis que a Antiguidade lhe atribuía, e que frequentemente são os mesmos — só que investidos de um sinal positivo — que o paranoico obscurantismo medieval denunciou durante séculos: liberdade, tolerância, sociabilidade igualitária. Apesar dos cinco anos cujos verões passo em Cabo Polonio, apesar da rapidez com que todas as particularidades que no início me desconcertavam ou me irritavam (a falta de água potável e de luz, a obrigação de dedicar horas e esforço físico às operações mais básicas de subsistência, a impossibilidade de reconhecer limites entre casas e terrenos, a informalidade absoluta como lei social, o ensimesmamento insular, a falta de alternativas, a dependência — tanto para as coisas mais necessárias quanto para as mais insignificantes — de máquinas e infraestruturas técnicas precárias ou ultrapassadas etc.) e que acabaram por resultar-me não só familiares como imprescindíveis, tanto que já não consigo imaginar um lugar de veraneio que não as inclua, nunca deixa de me surpreender o quanto esse cabo paupérrimo, misto de paraíso hippie, ensaio de comunismo primitivo e vila miserável, funciona como uma sociedade dentro da sociedade, um enclave autônomo, imune a qualquer intervenção exterior, entregue à inércia de uma lógica própria mas inapreensível, sobre a qual seus habitantes mais antigos, postos na obrigação de descrevê-la, a duras penas balbuciam coisas vagas ou simplesmente se calam e sorriem enquanto dão de ombros, e da qual nem mesmo seus visitantes mais precavidos conseguem se esquivar.

    Só que essa espécie de liberdade responsável que em Cabo Polonio é amparada por grandes extensões desertas, pela população escassa, pela pobreza da infraestrutura e, sobretudo, pela ausência de um horizonte de crescimento ou de mudança, torna-se realmente milagrosa quando a vemos imperar em praias densas, superpovoadas, onde as vantagens da civilização, junto com o conforto que proporcionam, expõem a situação praia a uma quantidade insuspeita de variáveis. Tudo podia fugir do controle e, no entanto... No final do século XVIII, Diderot, em pé em frente à costa holandesa, perguntava-se como era possível que alguém aceitasse viver à vista de semelhante massa de água, sabendo que a qualquer momento o mar poderia sair de seu leito e precipitar-se sobre a terra. Menino, eu me perguntava a mesma coisa quando, de férias em Mar del Plata, em janeiro, atravessava o calçadão da Playa Grande e via a extensão da praia literalmente incrustada de milhares de pequenas cabeças humanas, de tal maneira que ninguém que não tivesse estado ali num dia nublado, com a praia vazia, poderia afirmar com algum fundo de razão que em alguma parte havia algo parecido com areia. Só que o temor que Diderot alimentava em relação ao mar, à possibilidade de que libertasse de repente todas as suas forças reprimidas e as descarregasse sem piedade contra os que o contemplavam extasiados, eu, incrédulo diante desse desfraldar de nudez, temia em relação às pessoas. Como era possível que essa massa de corpos mal cobertos, lustrosos de cremes, suor ou água, desmesuradamente escaldados pelo sol (falo da praia dos anos 1960, da praia despreocupada ou suicida anterior ao buraco na camada de ozônio), e uma proximidade quase promíscua, intolerável em qualquer outro contexto, não desandasse fatalmente num estouro sexual multitudinário, numa orgia massiva e selvagem, numa explosão de violência letal?

> *Sim, sim, veja a mulher do farmacêutico, como ela brinca, como perfura a areia com o pezinho, enquanto seu calcanhar nu desponta e se exibe: o chefe de vendas também brinca, chuta a bola, bufa e grita. Ah, como se diverte! Em pelo! Mas o sujeito nu está, de fato, despido: e despido está o chefe! A mulher do farmacêutico sem calcinhas! E os dedos dos pés completam ferozmente os dedos das mãos! A asquerosidade corporal é uma provocação selvagem com que toda a praia grita. Meu Deus, permita-me vomitar a forma humana!*
>
> Gombrowicz, *Diário*

    Nunca subscrevi as mitologias eróticas da praia. Convencido desde muito cedo, não sei se por um déficit pulsional congênito, por alguma experiência nefasta que mantenho fechada à chave ou simplesmente porque é a mais pura e incontroversa verdade, de que o desejo sexual não tem nada a ver com a natureza, nem com a minha, qualquer que seja, nem com a do mundo, e, por outro lado, absolutamente tudo a ver com a cultura, sempre me chamou a atenção a quantidade de aventuras e relatos sexuais com que as pessoas, principalmente os solteiros e os casais jovens, voltavam ao passar suas férias à beira-mar. Todo vitalismo me aflige, é verdade, mas nestes casos sempre havia algo mais: a relação não contingente, mas necessária, e mesmo constitutiva, entre o sexo e as dunas, a cópula e a água salgada, o frenesi e o ambiente marinho. Como se a praia não se limitasse a cumprir, no libreto sexual, um papel de estímulo cenográfico, o mesmo que cumpririam, provavelmente com a mesma eficiência, a selva (no caso de temperamentos mais sensíveis à umidade), os pássaros, a música zumbidora dos insetos, o verde, as estruturas frondosas, e preferisse arrogar-se uma função muito mais decisiva, a de protagonizá-lo, inspirá-lo ou mesmo roteirizá-lo. Cada vez que escuto "Sea, sex and sun", o grito de guerra *disco* que Serge Gainsbourg profere no álbum *L'homme à la tête de chou*, o que ouço é um pequeno milagre de eufonia monossilábica, e talvez, mesmo, o prelúdio de erotismo viperino que refulge nessa sucessão de sibilantes, jamais os ingredientes do imbatível coquetel sensual que os outros saboreiam e festejam de antemão. E sempre que topo com o célebre fotograma de *A um passo da eternidade* — provavelmente o logotipo mais popular que Hollywood já desenhou para promover as benesses do erotismo de costa — e o sargento Warden e Karen Holmes voltam a se beijar deitados numa praia do Havaí enquanto as ondas quebram sobre seus corpos orvalhando-os de espuma, nunca deixo de pensar na desconsideração da areia molhada, dura como uma tábua, provavelmente minada de bivalves invejosos, tão proteica e múltipla que cinco segundos mais tarde, quando o diretor Fred Zinnemann decidir cortar a tomada, já terá se transformado numa legião de cristaizinhos insuportáveis e fará das suas nas virilhas de Burt Lancaster e Deborah Kerr; penso em como diabos pode-se conceber um filme que passa do gênero bélico (uniformes militares, destacamentos, o ataque japonês a Pearl Harbor) ao drama romântico (trajes de banho, *clinch* íntimo dos amantes, adultério); penso na contribuição do mar, capaz de atrapalhar com sua onda mais tímida o mais entusiasta acasalamento humano; penso no efeito irritante do sal nos olhos; penso no momento em que os atores, depois de repetirem dez vezes a cena, irão descobrir o que o sol fazia com eles enquanto brincavam de eclipsar a Segunda Guerra Mundial com alguns minutos de paixão clandestina. Esfregar-se com outro corpo na areia, agarrar-se atrás da cortina do vestiário de uma barraca, acabar nus no refluxo das águas: as proezas mais clássicas do erotismo de praia são para mim, além de inverossímeis, exemplos perfeitos de tudo o que *não pode* ser o prazer: desconforto, aspereza, hostilidade, interferência.

 Eu iria mais longe e diria que a praia nunca é erógena quando *se mistura* com o corpo — talvez porque, devido à composição molecular da areia e da água, a mistura nunca chega realmente a se consumar, tornando-se lânguida, antes, em estágios primitivos e incômodos como o atrito, o empanado, a cobertura — e que o é, ao contrário, quando o contato físico com a carne, reduzido ao mínimo, é substituído por um tipo de contato visual, quando sua função é ambiental, decorativa — e a praia trabalha como o fundo belo, mas inerte, contra o qual se recortam as figuras do desejo sexual —, ou eminentemente dramática, e nesse caso participa ativamente da narrativa da cena erótica. E também é erógena — o cúmulo do erógeno — quando fica para trás, quando é esquecida, quando a noite ou o dia de chuva a engolem, quando, por alguma razão, mesmo estando bem próxima, torna-se inacessível e os veranistas levam consigo tudo o que encontraram nela (vitalidade, bronzeado, cansaço, relações, planos) para colocá-lo em circulação nesse mundo à parte, contíguo à praia mas ao mesmo tempo radicalmente separado dela, que é o povoado ou a cidade de praia.

A praia nunca é tão erótica como quando James Bond, escondido atrás de uma palmeira, vê como a divindade marinha Honey Rider — biquíni branco e faca na cintura — brota da água e avança pela areia segurando os cabelos, mas frustra toda intensidade dessa epifania alguns minutos mais tarde — Bond não gosta de perder tempo —, quando, depois de mandar pelos ares um desses quartéis-generais do Mal que faziam babar os diretores de arte, os mesmos personagens cedem ao desejo e se entrelaçam num modesto bote rebocado pelas forças do Bem. Estamos na ilha de *007 contra o satânico dr. No*, um dos Bond originais, com Sean Connery no papel do 007, que pude ver com meu irmão no Cine Atlantic de Villa Gesell num verão de meados dos anos 1960, apesar de o filme, como rezavam os cartazes, ter sido classificado como proibido para menores de catorze anos. Além da permissividade geral dos lugares de veraneio, que se não suspendem as leis ao menos permitem abrandar sua execução, desfrutávamos também, no Cine Atlantic, cujo foyer, ainda que modesto, ostentava nas paredes uma coleção de retratos em branco e preto de atores e atrizes de Hollywood que eu considerava celebridades e dos quais depois, com o tempo, à medida que ia me familiarizando com o cinema, comecei a desconfiar, dado que todos aqueles rostos que me contemplaram durante anos ao entrar no cinema para ver quase exclusivamente filmes proibidos, a série de Bond, com o inesquecível *Da Rússia com amor* na liderança, onde aparecia folheada a ouro a primeira mulher nua que vi em minha vida infantil adulta, mas também *The Wild Bunch*, de Sam Peckimpah, com suas degolas em close, ou *Bonnie and Clyde*, com seu regozijante massacre final, que o único que ia permanecendo gravado em minha memória era o rosto de Richard Basehart, a quem alguém como eu, que ainda não tinha visto *A estrada*, o filme de Fellini em que fazia — um pouco inexplicavelmente — o personagem do Louco, mas que em compensação já era um verdadeiro viciado em televisão, só podia associar com o almirante Harriman Nelson, o mais sensato dos marinheiros que se revezavam no comando do timão do Sea View, o herói submarino de *Viagem ao Fundo do Mar*, uma de minhas séries favoritas, e que portanto, próximo e doméstico como todo ídolo televisivo, mal podia merecer a categoria inacessível de celebridade — desfrutávamos também, meu irmão e eu, da licença especial que nos concedia a funcionária do cinema, que, atracada com meu pai numa espécie de romance de verão cíclico, sempre restrito ao mês de fevereiro, mas misteriosa e pontualmente reatado no ano seguinte, quando voltávamos à Villa, fazia vista grossa para nossa precocidade a fim de garantir por algumas horas a proximidade de seu apaixonado. Estamos na Jamaica, na ilha onde se entrincheira dr. No, e o que Bond contempla atônito detrás de sua palmeira, uma barricada não muito diferente da que nos protegia, eu e meu irmão, igualmente atônitos, na escuridão do Atlantic, é uma criatura sobrenatural, metade humana metade marinha — a ponto de, quando Ursula Andress acabava de sair da água, eu não conseguir entender como seu corpo não rematava numa cauda de sereia sinuosa e brilhante, coberta de escamas irisadas —, que parece dar à luz a espécie a que pertence, uma espécie composta de um único gênero, ela mesma, no exato momento em que emerge do oceano. (Eis aqui uma das fatalidades que condenam a praia ao kitsch: provavelmente há poucos momentos tão ridiculamente metafóricos quanto a saída do mar.) Se Bond, impecavelmente vestido, é o intruso, o que vem de fora, o estrangeiro urbano, Honey Rider, que procura caracóis seminua, é a representação *aggiornada* da nativa, da local, da que ocupava a praia antes da chegada do intruso. A cena, além de excitante, é menos estúpida do que parece; é erótica porque o que escolhe pôr em cena, em vez de uma consumação sexual, é o *nascimento* de um objeto de desejo único e mítico — é o mar, aqui, que cria a Mulher, e não Deus, como no filme de Roger Vadim — para dois destinatários simultâneos, Bond, por um lado, e por outro meu irmão, eu e todos os veranistas que naquela noite fazíamos ranger as poltronas mambembes do Atlantic de Villa Gesell, e é política porque explora a praia como cenário vagamente colonial, zona-limite de invasão e de resistência, no exato momento em que a expansão colonial começa a se vestir com a roupa de uma nova, hedonista e francamente bondiana forma de ubiquidade: o turismo. O encontro entre Bond e Honey inverte o antigo estereótipo do desembarque colonial, no qual a praia era o local de encontro (ou de confronto) entre os conquistadores (os que vinham do mar) e as nativas (que saíam da selva para recebê-los). (Muitos anos depois, vi numa praia próxima de Havana outra versão, mais crispada, da mesma cena: os canhões enterrados na areia, sobre a costa, apontando para o mar, e as pequenas trincheiras cavadas junto dos canhões. Eu, um estrangeiro — o mesmo que um pouco antes vira como um casal de turistas que três anos mais tarde já não teriam o direito de se chamar de *soviéticos* expulsavam aos gritos um grupo de garotos cubanos para estender na areia seu tosco arsenal de acessórios de praia —, vi a praia e o mar *do ponto de vista* dos ameaçados, dos que vivem esperando a invasão, e de repente entendi o quanto viver numa ilha, rodeado de mar aberto, sem obstáculos que interceptem o olhar, pode ser, ao invés da experiência da liberdade e da expansão que sempre imaginamos que seria, a sentença que nos condena a uma clausura absolutamente insuportável.)

Para dar com a outra potência erógena da praia — aquela na qual a praia só é ativa *in absentia*, uma vez submetida a certo esquecimento —, é preciso recorrer às ficções estivais de Éric Rohmer, *Conto de verão*, *Pauline na praia*, *O raio verde*, filmes de praia e filmes eróticos, sim, desde que entendamos a praia como o que deve ficar fora do quadro para tornar-se erótico e o erotismo como a lógica labiríntica, entretecida de mal-entendidos, histeria e cálculos estéreis, em que ressuscitam os desejos acalentados durante o dia, na praia, debaixo do sol. Não é o sul, não é o Mediterrâneo, não são as orlas chiques que aparecem nos filmes de Rohmer (e quando aparecem, como Biarritz em *O raio verde*, aparecem planas, sem brilho nem sedução), e sim as praias comuns da Normandia ou da Bretanha, tão impessoais, tão carentes de cor local e de glamour quanto uma colônia de férias do sindicato geral de adolescentes. As histórias se passam no verão, mas o tempo nem sempre ajuda: os impávidos céus azul-celeste são a exceção, não a regra, e os veranistas rohmerianos devem se contentar amiúde com o duvidoso encanto das manhãs ventosas, a nebulosidade tenaz e um sol metálico que enfeia cruelmente os corpos e obriga a seduzir ou a ser seduzido entrecerrando os olhos. No entanto, nunca o cinema de Rohmer parece tocar tanto o coração do desejo como quando se instala nesses balneários de meia-tigela, que preferem a funcionalidade do banal a qualquer forma de beleza natural. Por quê? Porque em Rohmer os turistas são sempre os personagens, não o espectador. Antes de seus atrativos visuais, Rohmer escolhe a praia porque seu sistema, altamente dependente da meteorologia, ao mesmo tempo regular (estações, ciclos, biorritmos, fases naturais: mais de uma vez o cineasta declarou que o único roteiro que usou em *O raio verde* foram as tábuas de marés) e caprichoso (imprevistos, variáveis difíceis de controlar, acontecimentos excepcionais), parece reproduzir numa escala atmosférica o jogo de mecânica e acaso, maquiavelismo construtivo e aleatoriedade, que ocupa o centro da arte rohmeriana. A praia, além do mais, é o território das férias, do ócio, da disponibilidade:

estados de *potência* frágeis e ao mesmo tempo promissores que prolongam e preparam os pequenos grandes incidentes (encontros, coincidências, encadeamentos, equívocos) de que são feitas as histórias de Rohmer. Mas principalmente porque a praia — como o mar, como a estepe para os nômades segundo Toynbee — é o espaço hipercondutor por excelência, e, portanto, o tipo de território ideal para que o desejo, força nunca conforme, sempre distraída, desdobre toda sua mobilidade e descreva suas trajetórias mais caprichosas. Segundo o idioma rohmeriano, a praia só é permeável ao erotismo na medida em que impede que o desejo se fixe numa posição sedentária e o condena a não ceder, a seguir sempre adiante, a peregrinar sem descanso. Assim, reduzida a uma espécie de princípio conceitual, a praia aparece como esvaziada, puro espaço de circulação que a câmera apresenta apenas de longe, quase por cortesia, mas onde, no entanto, nascem os ímpetos eróticos e os *marivaudages* do coração que depois terão lugar em outra parte. Porque "a praia", segundo Rohmer, é basicamente essa "outra parte": não a areia, nem o mar, nem os guarda-sóis, e sim os passeios adjacentes, os bares, os calçadões, as creperias, as discotecas, os quartos de hotel, as casas de veraneio: todos os espaços com os quais a civilização ou a cultura acendem as mechas do desejo que brotou na natureza.

Quando Rohmer a surpreende tomando sol na praia de Dinard, o bronzeado de Margot, a protagonista de *Conto de verão*, passa quase despercebido, silenciado de algum modo pelo efeito de verossimilhança do contexto. É só ao vê-la atendendo à mesa de Gaspard na creperia onde trabalha, ou caminhando a seu lado entre árvores, ou empreendendo uma excursão ao refúgio de um velho marinheiro — ou seja: naqueles momentos em que a marca que a praia deixou nela reaparece num contexto heterogêneo —, que notamos a cor que suas faces adquiriram, esse rubor tênue, mas paulatino, que se intensifica à medida que o filme avança (Rohmer costuma filmar suas ficções estivais em ordem cronológica, do princípio ao fim), em que se confundem a influência do sol e a excitação, a natureza e o pudor, e que termina por torná-la desejável. (Ao contrário, a praia, contexto forte, introduz tamanho contraste com a vida que as percepções da identidade podem se alterar: no dia seguinte, depois de ter comido na creperia onde Margot o atendeu, Gaspard topa com ela na praia, mas não a reconhece; é ela quem o interpela e o faz lembrar que se conheceram. Além de postular uma sutil defasagem social — os clientes nunca se lembram dos garçons; os garçons, sempre dos clientes —, a cena descreve bem o efeito de *vida dupla* que a praia institui: vestidos não somos os mesmos que de maiô, e quem nos vir entrando no mar provavelmente não nos reconhecerá à noite tomando sorvete na calçada ou dançando na discoteca. Entre a areia e a creperia — entre a praia propriamente dita e tudo o que lhe é contíguo —, nenhuma preeminência, nenhuma ordem hierárquica: ambos os espaços estão, de algum modo, numa relação de ficção recíproca.)

Assim, ao contrário dos partidários do vitalismo, que pensam que a praia nunca desdobra tanto seu poder erótico como quando o desejo humano, numa espécie de jubiloso robinsonismo sexual, confraterniza intimamente com o sol, a água e a areia e almeja fundir-se à natureza, eu, discípulo de Rohmer, de taras ancestrais ou da sigilosa escola de Leopold von Sacher-Masoch, só sou sensível a seus estímulos quando estes já desapareceram, ou melhor, quando algum emissário da civilização, chame-se parede, teto, cama, banco de carro, chuveiro, roupa, introduz uma divergência e "corta" de algum modo a homogeneidade um pouco despótica da natureza. Quando o atrativo selvagem da praia é corrompido pelas aspas da civilização, até suas piores inclemências se tornam excitantes. Não suporto a areia como leito sexual, e ninguém ignora, por mais que os hidrólatras esperneiem, que a água, principalmente a do mar, dificulta qualquer tipo de fricção erótica; só um louco se atreveria a fornicar com o sol cravado no meio do céu e só uma vítima do lirismo publicitário dos anos 1970 apregoaria as benesses de uma escaramuça amorosa ao entardecer. Todavia, basta que qualquer uma dessas ofertas naturais reapareça *fora* da praia, enriquecida por alguma pincelada de conforto, algum fator discretamente burguês, para que sua cotação no mercado do prazer dispare até as nuvens. Se o ardor da pele, resultado de um longo dia de exposição ao sol, é, no contexto da praia, com o calor, o ar que de tão incandescente chega a parecer radioativo, a areia transformada num vasto tapete de brasas e o espetáculo oferecido pela pele avermelhada dos demais, tão patético quanto o que oferece a nossa mas multiplicado por cem e encarnado em corpos que sempre julgamos mais repulsivos que o nosso — se assim é um tormento cruel, inenarrável, porque ao sofrimento físico, literal, que nos inflige, soma--se outro, moral, e, portanto, muito mais doloroso, o de sentir que não é o sol *desse* dia *nesse* balneário que se encarniçou conosco, mas o verão todo, o verão planetário, o verão como sucessão de meios-dias assassinos, massa ígnea pura e cega da qual para nos proteger, por outro lado, teriam bastado algumas decisões simples e, pensando bem, nada desagradáveis, aceitar a advertência mil vezes formulada e mil vezes desprezada e deixar-nos untar com protetor solar no momento adequado — se assim é uma penúria atroz, isolado na penumbra de um quarto de hotel, contrariado pela suave corrente de ar que se infiltra por uma janela, longe do astro insone que o provocou e de todos os cúmplices que contribuíram para multiplicá-lo, esse mesmo ardor, em compensação, deixa de ser uma condenação e torna-se aquilo que nenhum prazer puro, por mais intenso que seja, jamais poderá ser, uma *dor deliciosa*, um êxtase, o tipo sublime de prazer que a praia só oferece quando dois corpos abrasados pelo sol se metem numa cama recém-arrumada e se abraçam nesse paraíso limpo, fresco, simples, feito de lençóis de algodão brancos.

Alguém que conheço, que diz ser devoto da praia como eu, conta-me que no verão passado, de férias num modesto balneário do litoral uruguaio, almoçava sozinho num desses lugares que certos aventureiros comerciais montam no início de dezembro sobre quatro pilares trêmulos a poucos metros do mar, decoram com restos de âncoras cobertas de ferrugem, algumas boias descoloridas e um par de velhas redes de pesca, arruínam com reggae, bossa-nova e as seleções de José Padilla, e que na temporada seguinte, depois de terem atravessado todo o verão lotados, já não existem ou mudaram de proprietário (mas não de decoração nem de música). Comia — mal, como se costuma comer em todos os lugares efêmeros — numa mesa do lado de dentro, protegido, ao menos, da música, uma peste que, talvez para favorecer a difusão de seus efeitos letais, tão parecidos com os que causava, em minha época de fumante, fumar de manhã antes de ter comido algo ou ver pornografia ao acordar, os donos de todos esses lugares de praia têm o costume de fazer soar sempre a céu aberto, quando olhou para fora, para o deck do bar, onde meia dúzia de guarda-sóis tentava proteger a ala mais radical dos veranistas, esses que não estão dispostos a sacrificar um minuto de ar livre e de sol por nada deste mundo e muito menos por algo tão vulgar como a fome, e pareceu-lhe que estava caído — foi a palavra que usou — por uma mulher que almoçava com um grupo de amigas. Perguntei-lhe como era. Salvo alguns traços vagos, que não tocavam em detalhes e dos quais, além de tudo, nem sequer estava totalmente seguro, não foi capaz de acrescentar muito mais, algo que, enquanto acontecia, pareceu surpreender mais a ele do que a mim, já que ao longo daquele almoço — um dos poucos, graças à descoberta daquela mesa de mulheres, de que se lembrava com algum entusiasmo num verão particularmente pobre em estímulos — quase não tirara os olhos de cima dela, tanto que só lembrou que estava no meio de *seu* almoço quando um garçom, brotando desse nada que é, para o absorto, tudo o que não é aquilo que o mantém cativo, perguntou-lhe se podia levar o azeite e o vinagre e o tirou de seu ensimesmamento, e ao baixar a vista comprovou que seu prato, além de intacto, estava irremediavelmente frio. Provou um pouco, menos por fome, agora, do que por vergonha, e quando desistiu e afastou o prato e voltou a levantar os olhos compreendeu que já era tarde: a mesa das mulheres estava vazia, um casal de velhos desproporcionais — ele muito alto, ela muito gorda, os dois preparados como que para sobreviver, pálidos, um ano no Saara — sacudia as migalhas das cadeiras para sentar-se. Não voltou a ver a mulher nem qualquer outra das mulheres do grupo e esqueceu-as, pensando — com essa inocência com que exigimos de uma explicação não apenas as razões, mas também o consolo de uma perda — que talvez pertencessem à raça das turistas-andorinha, que fixam base num balneário mais ou menos importante e daí se movem pelos arredores para explorar em viagens-relâmpago as praias satélites da região. Alguns meses depois, quando já quase apagara o episódio, topou com a desconhecida numa rua de Buenos Aires. O contexto, o clima, a luz, o som (e a roupa!): tudo havia mudado. E mesmo assim ele a viu e soube que era ela. Curiosamente, o punhado de imprecisões com as quais não conseguira fazer que eu a imaginasse ao contar-me o episódio lhe serviram, naquela tarde, no centro, para reconhecê-la no ato. Mas não teve tempo de se alegrar: a mulher, que desta vez estava sozinha, deixou-o completamente indiferente.

Se tivesse lido Proust, particularmente a segunda parte de *À sombra das moças em flor*, meu amigo poderia ter evitado não a decepção, mas, ao menos, o impacto da surpresa. Proust lhe teria ensinado a que ponto a forma que a vida adota na praia — toda vida, da vida das amêijoas e das gaivotas a das pessoas, passando pela das estrelas, à exceção, talvez, da vida verdadeiramente *excepcional*, aquela que Federico Fellini, por exemplo, faz surgir sobre a areia no tétrico amanhecer final de *A doce vida*: a vida do *monstro* — é grupal, nunca individual, e a que ponto a beleza ou a sedução, cuja fonte estamos acostumados a identificar com objetos ou criaturas singulares, aqui são sempre um fenômeno gregário, de bando, que só surte efeito quando todas as suas partes estão presentes e se dissipa como que num passe de mágica, como meu amigo teve a infelicidade de comprovar naquela tarde em Buenos Aires, quando o grupo se reduz a uma única de suas partes. Se o narrador de *À procura do tempo perdido* não se decepciona é porque, ao contrário de meu amigo, por demais cioso das exigências eróticas com que a praia atormenta o veranista solitário, sabe matizar seus desejos com a vocação etnográfica e não cria expectativas. Instalado no Grand Hotel de Balbec, versão imaginária de Cabourg, clássica praia europeia do final do século XIX, com seu ar britânico e seu infalível tripé chique (hotel-cassino-banhos), Marcel usa seu tempo para detectar, entre a população de desconhecidos que ocupa o hotel e se dispersa pela praia, a garota que lhe agrada, e só chega a ela, a sua identidade particular, seu rosto, seu nome (é Albertine) *através* do enxame de amigas com as quais se exibe pelas ruas do balneário.

São cinco ou seis; Marcel as descobre sempre em movimento, quando descem de um carro, irrompem na pista de dança do Cassino ou alvoroçam a sorveteria de Balbec, e tudo o que pode dizer delas, os traços físicos que lhe chamam a atenção, os matizes que o atraem, tem o caráter confuso, agitado e aglomerado das descrições de conjunto, que reconhecem sinais particulares mas são incapazes de atribuí-los a sujeitos individuais. Meu amigo sucumbiu à ilusão de que o que o havia flechado era *uma* mulher, não o grupo difuso, molecular, sem demarcações internas, *no qual* ele a descobrira almoçando. (O grupo, na praia, é tudo: habitat, ecossistema, meio ambiente.) Esse foi seu erro, e seu erro explica, também, por que na hora de descrevê-la só foi capaz de balbuciar coisas vagas. A indefinição de seu retrato não era efeito de um déficit de observação, mas de uma atribuição errônea: acreditando pintar *a* mulher, meu amigo, sem saber, pintava o grupo, pintava o fora de foco, a condição fugidia e meio dispersa dos sortilégios grupais. É a esse tipo de sedução específica, de ordem tão diversa da individual, a que Marcel compreende imediatamente ter sucumbido: "A translação contínua de uma beleza fluida, coletiva e móvel". No terceiro capítulo de *Suave é a noite*, versão da *Recherche* em clave *lost generation* escrita por Scott Fitzgerald, Rosemary, a heroína — "a primeira moça que vejo, em muito tempo, que lembra de fato alguma coisa em botão", como a lisonjeia poucas páginas depois o galã Dick Diver —, confessa a sua mãe: "Eu me apaixonei na praia". "Por quem?", pergunta sua mãe. "Primeiro por um grupo de pessoas bonitas", diz ela, "Depois por um homem."

Perto de Cannes, no Hôtel des Étrangers de Gausse, onde Rosemary, partindo da diferença essencial (*bronzeado/não bronzeado*) aprende a decifrar ao mesmo tempo a lógica da praia, a do amor e a da sociedade, bem como em Balbec, Villa Gesell ou até mesmo em Cabo Polonio, cuja condição edênica, tão propícia à solidão, aos encontros individuais e ao tête-à-tête como estilo erótico, parece à primeira vista incompatível com os prazeres (e os pesadelos) da sociedade de grupelhos, tudo na praia é questão de conjuntos, camarilhas, bandos, células autossuficientes. Como se observasse a paisagem de Gausse através de um microscópio, Rosemary passa os primeiros dias de praia ressaltando sem descanso a dinâmica cambiante de um funcionamento que quase não reconhece identidades individuais.

Os espécimes dos grupos se atraem, aproximam-se, juntam-se, entrelaçam-se, separam-se. Viver na praia exige uma única condição, e é misteriosamente quantitativa: exige *somar-se*.

Assim, considerado em relação a dois dos princípios que organizam as formas da atração na praia — a nudez como princípio social consensual e o efeito difuso, meio borrado, da sensualidade de enxame —, o famoso erotismo marítimo que proclamam com tanta frequência os que voltam do litoral com as malas cheias de troféus e proezas genitais sempre tem algo de caricatural, certa pátina oleosa e reluzente, muito parecida com o brilho das páginas dos semanários onde ele é celebrado, que o faz pender mais para o lado do *erosculturismo*. Nessa espécie de hiperbolismo maníaco, em que os imperativos da saúde se fundem aos do desejo e o esporte e o sexo entram numa vampirização mútua, repousa, por outro lado, a superexploração da praia a que se entrega a indústria midiática todos os verões. Antes da política ou até mesmo das atualidades — uma categoria que, presente em mim desde que faço uso da razão ou da leitura, hoje nem sequer posso empregar sem sentir que quem a emprega não sou eu, mero porta-voz zumbi, e sim aquela que fez de tudo para criá-la: a revista *Gente* —, a praia e o verão na praia para mim são, sem dúvida, os dois primeiros objetos *inventados* pela imprensa — mas inventados completamente — de que tenho consciência. Se a delegação marciana que há décadas ameaça nos visitar resolvesse aterrissar entre nós num 18 de janeiro, por exemplo, e deduzir suas primeiras impressões do planeta a partir das capas dos semanários de atualidades, chegaria à conclusão, no mínimo curiosa, de que o rio é casto, as serras, um templo de saúde e o campo, um território de retiro e reflexão ideal, enquanto a praia, povoada de corpos superproduzidos que costumam animar ao mesmo tempo a imprensa do fitness e os *house organs* do *soft porn*, é uma espécie de gigantesco parque temático consagrado ao desenfreio e à luxúria. Este é o insone paiol de pólvora erótico sobre o qual se apoia todos os anos Moria Casán para fundar outra de suas praias de nudismo no coração de Mar del Plata. Moria alega que faz isso com fins emancipatórios, amparada na temperatura "natural" de um espaço — a praia — que já os estimula, mas cada vez que, cega e surda para seus catastróficos lucros comerciais, procede a um desses clássicos exercícios de franqueza (*Playa Franka*, creio, chamava-se o único de seus empreendimentos de que me lembro), o que está ultrajando, na verdade, não é a hipocrisia do argentino médio nem os tabus corporais aos quais se aferraria sua quintessência puritana, como não se cansa de repetir sempre que lhe cabe cortar uma fita, mas a virtude ao mesmo tempo mais estranha, mais verdadeira e mais profunda da experiência erótica da praia: a *ingenuidade*.

A praia não pode democratizar a beleza, mas a nudez sim. É essa ética igualitária — tão incorruptível que não está disposta sequer a claudicar diante dos espécimes mais abusivos, aqueles que, antes de subscrevê-la, parecem mais é se aproveitar dela — que, instalando a nudez no mais comum dos sentidos e tornando-a massiva, transforma o aparente despudor da praia num alarde de ingenuidade e desativa, ao mesmo tempo, qualquer impulso erótico selvagem. Nesse sentido, o exibicionismo que é lei na praia se parece mais com o que rege o pequeno exército de recém-nascidos que um pequeno exército de pais contempla abobado através do vidro do berçário do que com o *acting* tortuoso, a meio caminho entre o crime e o deleite, que nas charges costuma surpreender num beco adolescentes distraídas. Visível, explícita e democrática, a praia, que mobiliza a mais vasta superfície de pele exposta do planeta, é basicamente a candura transformada em espetáculo. Tudo está à vista e em todo o mundo, na deusa abençoada pela natureza e no quero-quero trôpego, no gordo irredimível e no que se vangloria dos músculos que há anos está esculpindo na academia. Ao lado da vocação tolerante e pluralista da praia comum, que *dá por certa* a nudez com a mesma tediosa naturalidade com que os dinamarqueses a pornografia ou os holandeses as drogas, as capas hot dos semanários ou as ladainhas nudistas de Moria Casán só podem soar como obrigações, militâncias, exortações prepotentes, ou seja: paródias de liberdade que impõem a coação em nome da transgressão e do desejo.

Se a praia — não importa a idade cronológica nem a experiência dos que a frequentam — é um espaço eminentemente adolescente, é justamente pelo papel central que desempenha esse espírito de corpo ao mesmo tempo sólido, compacto e irregular que Proust detectava no revoluteio das moças em flor de Balbec, e que decide não apenas as formas de habitar o território, mas também as de exercer nele o direito ao desejo. Ainda vívidos em mim, aliás de maneira alarmante para alguém que já começa a ver pela segunda vez filmes que pensa estar descobrindo e, saudoso, pergunta pelos amigos com os quais jantou há apenas algumas noites, dos verões passados em Gesell, por exemplo, eu me lembro menos de rostos e nomes, as duas marcas privilegiadas da identificação individual, do que de uma espécie de movimento contínuo, fluxos e refluxos, vaivéns, intermináveis migrações mistas protagonizadas por adultos (meu pai, os amigos de meu pai) e por crianças (eu, os filhos dos amigos de meu pai), nas quais empreendíamos durante o dia as aventuras clássicas da praia (dunas, bosques, cais, mar, e o desafio máximo: a caminhada até Cariló!, que perigos terríveis como a desidratação, as câimbras e o cair do sol durante a caminhada ainda mantinham longe de nosso entusiasmo de jovens colonos) e que de noite, quando a fresca da brisa e o sol acumulado na pele nos obrigavam ao tormento de uma regata ou de um agasalho, levavam-nos de um extremo a outro da Avenida 3 durante horas, dromomaníacos de verão que só concordavam com as paradas de praxe — Tia Vicenta, Carlitos, o Combo Park, a galeria Kenka, a banca de revistas, a Casa Böhm, as barracas de artesãos, a pista de patinação (onde aceitei passar ridículo durante anos sem receber absolutamente nada em troca) e a de kart, o local dos alfajores Amalfi — para repor as energias e retomar a marcha novamente, assim, sem parar, até as três ou quatro da manhã, quando a Avenida 3 começava a se esvaziar, os hippies a embalar seus artesanatos, os garçons a empilhar as cadeiras sobre as mesas e os letreiros luminosos a se apagar, e o grupo ia perdendo pedaços aos poucos, dois aqui, três ali, um acolá, conforme o hotel ou a casa ou a rua pelas quais passava nossa caravana, até que só restávamos meu pai, meu irmão e eu, exaustos de tanto caminhar, mas principalmente de felicidade, da euforia de termos, nós, extenuado a noite, e não o contrário, e minhas pernas tremiam e meu pai — última oferenda de uma noite de glória, como, por outro lado, todas e cada uma das vinte e oito noites de fevereiro, cifra, vinte e oito, que durante anos representou para mim o emblema da felicidade absoluta — levantava-me pelas axilas e me levava a cavalo sobre seus ombros, enquanto eu me deixava pentear pelos galhos das árvores, nas duas quadras e meia que nos separavam do hotel Rideamus.

Foi ali, no restaurante desse que chamavam e chamam, continuo sem saber por que, de "residencial", restaurante modesto e limpo, como também durante anos pensei que deviam ser todas as coisas feitas na medida de meus desejos, onde untei pela primeira vez um croissant de padaria com geleia e manteiga (uma combinação repugnante, ou talvez herética, a julgar pela cara que fez a garçonete, até aquele momento encantadora, ao me ver inventá-la, a tal ponto que meu pai, alarmado, chegou a perguntar ao filho mais velho da família que dirigia o hotel — um croata com um canino quebrado, amigo de anos de meu pai, que com frequência compartilhava a praia conosco e cuja maneira de correr para o mar, ágil, mas meio em câmera lenta, com as pernas formando um losango perfeito, eu costumava imitar no quarto só para meu pai, como um segredo, até o dia em que o amigo croata, recém-saído da água, veio até mim com um ar inusitadamente sério e sem dizer palavra fez algo que até hoje, quando me lembro, me deixa estupefato: *me imitou imitando-o*, e então eu soube de uma vez por todas que não se compartilham segredos com adultos — se misturar a manteiga com a geleia não infringia algum antigo costume balcânico que ignorávamos) e onde aprendi a jogar xadrez, primeiro com o tabuleiro estropiado do hotel, do qual haviam desertado dois peões e um cavalo branco que substituíamos por moedas, ou conchas, ou peças de bingo, depois, nesse mesmo verão, quando o estupor de aprender se transformou numa espécie de avidez suicida e eu já não jogava apenas no restaurante do Rideamus mas também na praia, no boliche onde almoçávamos (ou onde, absorto na última jogada de meu pai, deixava minha comida definhar tranquilamente), de pé junto do pebolim ou caminhando rumo ao cinema, no jogo magnético que convenci meu pai a comprar para mim. Mas foi em Gesell, extenuando-me naquela mania deambulatória grupal da qual agora posso evocar a intriga, a curiosidade, os estremecimentos e até a excitação que me provocava, mas não exatamente que pessoa ou que pessoas as provocavam, a tal ponto me envolviam como um efeito ambiental, uma atmosfera, uma bolha, foi lá que tive pela primeira vez a impressão de que, se há erotismo na praia, a rigor é o que nasce e circula nessa esfera comunitária, e de que a libido que o estimula é investida menos em objetos pontuais do que em formas de vida utópicas. Aprendi que se a praia é desejável — e para mim não há nada mais desejável —, não é tanto pelas facilidades que oferece como mercado de corpos nus — ou seja: imediatamente cotáveis — quanto pelo modelo de espaço cívico que propõe: vida comum sem autoridade, autorregulação sem controle, prazer sem compromisso, anarquia sem agressividade. O que os teóricos da complexidade chamam de *emergência*; ou seja, essa misteriosa ordem geral gerada por um sistema com inúmeros participantes, no qual ninguém está no comando e cada um se adapta, segundo a segundo, a condições que são estritamente locais. Assim, a praia deixa de ser o paraíso erótico-kitsch que celebram Moria Casán, as edições de verão das revistas de atualidades e os profissionais do priapismo e se transforma, de algum modo, num experimento erótico-político. O que se deseja não são corpos, ou não somente, mas, sobretudo, a maquete provisória, sazonal, de uma pequena sociedade sem estado e sem mercado. (Embora domesticada pelo anseio de segurança que todo projeto de exploração turística demanda, com frequência reduzida a uma réplica de reality show, é essa mesma força utópica da praia, no entanto, que reaparece cada vez que um pioneiro desatinado ou um *entrepreneur* amigo dos simulacros pretende reproduzir artificialmente — ou seja: esterilizando-a — toda a complexidade de seu ecossistema: a Jantzen Beach do rio Columbia de Portland — Oregon —, parque aquático criado em 1939 por Paul Huedepohl, um especialista na indústria do entretenimento ao ar livre que procurava construir a piscina perfeita a partir do modelo do resort de praia; o Phoenix Seagaia Resort, do Japão, que quase sessenta anos depois oferece mil e quatrocentos metros quadrados de oceano real, oitocentos e quarenta de praia de mármore triturado, temperatura controlada por mais de cem sensores ultrassensíveis, um vulcão que entra em erupção a cada quinze minutos e um imenso teto retrátil disposto a se abrir ou a se fechar segundo a necessidade de deixar entrar a natureza ou de mantê-la na linha; a praia que o coitado do Bob Geldof tentou montar há alguns anos em Londres, cujo projeto foi vetado pelo conselho municipal de

Southwark; o Aquaboulevard, na Porte de Sèvres de Paris, um complexo onde as pessoas, protegidas por um gigantesco telhado de vidro, fingem ler ou tomar sol sobre um tapete de areia sólida e uma sirene anuncia a cada dez minutos a formação de uma onda gigante.)

Como costuma acontecer, a prodigiosa capacidade midiática da praia, sua midiogenia, tem uma contrapartida desoladora: o descrédito intelectual. Diferentemente de espaços mais ou menos midiófobos, como a montanha (ligada ao romantismo), a serra (a reflexão), o rio (o selvagem) ou a neve (a modernidade esportiva), a praia, exceto por uma conotação saudável cada vez mais frágil e anacrônica, de tanto que a põe em xeque a perfídia dos melanomas solares, não se associa senão com a vulgaridade mais estéril: galãs e starlets do show business, parlamentares em chalés de tijolinho à vista, modelos suando em discotecas de paredes acarpetadas, romances patrocinados por marcas de cerveja, esportes a vela, fofocagem televisiva, 4×4 blindados, óculos espelhados, pulseiras de ouro cintilando sobre peles que já chegavam bronzeadas das camas de bronzeamento artificial portenhas, assassinatos. *Wild on...*, o título de um célebre programa do canal de TV a cabo E!, resume bem a jovialidade cardiopática, a meio caminho entre a epilepsia e a viagem de formatura, que impera como imagem, marca registrada, de todas as férias à beira-mar, de Mar del Plata à Riviera e de Reñaca a Ibiza. Para além do fato de que uma boa porcentagem dos que procuram o mar nas férias deve ter pendurado em algum lugar um diploma universitário com o qual continua ganhando a vida, nada mais dissonante, para a imaginação popular, do que a ideia de um intelectual em traje de banho, sentado numa cadeira de vime, com os pés afundados na areia, lutando com todas as suas forças com os raios do sol para conseguir retomar o livro que lia quando estava vestido e derretia de calor entre as quatro poluídas paredes de seu estúdio no centro e era feliz. Império do óbvio, a praia não prevê nenhum lugar para operações sigilosas como o pensamento, e se o prevê é o lugar humilhante do pária, do deslocado, do freak: aquele que, marginalizado da cultura do sol pela condição reclusiva de seu trabalho, queima-se demais no primeiro dia e se condena a ser uma chaga viva coberta de creme e a sobreviver à sombra, como um doente; aquele que, em razão dessa mesma marginalização, exagera nas precauções e desce até a praia meia hora por dia, quando o sol já está definhando há horas, vestido como se fosse se expor a radiação atômica; aquele que prefere deixar cair tudo, relógio, protetor, óculos, guarda-sol, agenda eletrônica, comida, desde que a areia abominável não empenhe com seus fatídicos grãos as dobras mais profundas do livro que aferra entre os dedos arroxeados pelo esforço; aquele que, tão familiarizado com a lógica do mar quanto com a de um motor computadorizado, deixa-se fustigar pela onda que lhe dá as boas-vindas e aparece engatinhando na margem, desorientado e com as costas arranhadas de Mia Farrow em *O bebê de Rosemary*.

Literatos na praia? Certa vez, um amigo escritor que adoro, mas que não vejo muito, o que faz com que cada encontro seja para ambos um breve mas intenso tratamento de rejuvenescimento, confessou-me que não ia à praia não porque odiasse o sol ou o mar lhe desse calafrios ou a areia o incomodasse (embora também por isso), mas porque não conseguia imaginar uma biblioteca em *nenhum lugar*. Talvez não seja casual, dada sua espetacularidade e sua afinidade com o regime da imagem, que a praia seja um cenário mais que frequente no cinema e quase uma raridade na literatura, que a deixa de lado como tema, mas a adota e a promove à categoria de estratégia de marketing ou mesmo de gênero: há poucos livros *sobre* a praia, é verdade, mas quantos livros *para a praia* recomendam ou vendem os livreiros quando o calor natalino esquenta sem dó as garrafas de cidra nos pátios? Uma travessia rápida pelo Google e pela Amazon acaba aniquilando toda possibilidade de prestígio para a paisagem marítima: encurralada entre as ofertas de turismo e o monopólio Miami da palavra *"beach"*, a praia é indigna da menor linha reflexiva e fica reduzida a operações imobiliárias, programas de tempo compartilhado, portfólios publicitários, dietas e coleções de livrinhos de aventuras para crianças.

Nem tudo está perdido, no entanto. Só que para redimir a praia, habilitá-la como objeto de pensamento e devolver-lhe alguma respeitabilidade intelectual, é preciso aplacar toda sua potência maníaca; ou seja, é preciso *deprimi-la*.

E para isso é preciso deportá-la não no espaço, mas no tempo, e extirpá-la do verão, o habitat que lhe dá brilho mas que a condena, também, a uma espécie de estupidez inevitável. (Por uma ironia histórica, deprimi-la é, na verdade, reconciliá-la com um passado não totalmente distante: a praia só passou a ser um cenário de verão a partir dos anos 1920, quando as virtudes do sol substituíram as da água na escala de valores terapêutica e a persuasiva Coco Chanel compareceu diante do príncipe Jean-Louis de Faucigny--Lucinge, *arbiter elegantiarum* da Riviera, queimada dos pés à cabeça como um marinheiro. Desde o século XVI e até então, as pessoas ricas iam à praia no final do outono e durante todo o inverno; buscavam a saúde e a vitalidade que lhes prometiam os banhos de mar e fugiam dos raios ultravioleta, que secavam os fluidos corporais e debilitavam.) Fora de temporada, longe do calor, da inflação exibicionista da horda turística e da sede da mídia, é como se a praia adquirisse espessura, se adensasse, ganhasse em mistério e em complexidade. Sua lógica, antes elementar e binária (seco/molhado, quente/fresco), dobra-se, enche-se de ângulos, torna-se equívoca, tortuosa, e mesmo espectral (porque o verão, embora o almanaque o tenha deixado para trás, nunca desaparece totalmente da praia: permanece latente, sempre disposto a voltar, como um fantasma). A distância entre a praia epidérmica do verão e a praia íntima do inverno é a mesma que vai das pin-ups sem alma, que forram as capas das revistas em janeiro, a esse par de retratos aflitos que George Barris fez de Marilyn Monroe, em que a praia inóspita e o céu de chumbo são a cenografia perfeita para a tragédia da estrela que só levando ao extremo a mais profunda desolação pode demonstrar ao mundo que tem uma alma. É a mesma que vai dos *beach movies* do início dos anos 1960 — em que a praia, depois das versões sinistras propaladas por ficções do pós-guerra como *Raw deal*, de Anthony Mann, ou *Attack of the crab monsters*, de Roger Corman, sofre um branqueamento radical, prolonga o pátio limpo e seguro até a piscina do lar suburbano e celebra a imagem higiênica e despreocupada da adolescência branca de classe média — ao território minado de *Tubarão* (Steven Spielberg) ou ao laboratório de manipulações que ocupa o centro de *A praia*, de Danny Boyle. É a mesma que vai de *En una playa junto al mar* (1971), no qual as canções de Donald e de Los Náufragos ampliavam para trinta e cinco milímetros a idiotia incorruptível que já haviam propalado em discos de trinta e três rotações, a atormentada praia de *Los jóvenes viejos* (Rodolfo Kuhn, 1962), na qual um bando de portenhos descrentes liderado por Alberto Argibay passeiam tomados por um *spleen* amoroso importado dos filmes de Antonioni, ou à praia invernal de *Julia* (outro Zinnemann), varrida por um vento persistente que não conseguia, contudo, apagar o fogo em que se aquecia o café, onde o casal de escritores norte-americanos mais insuspeito de frivolidade que se possa imaginar, Dashiell Hammett e Lillian Hellmann, aconchegava-se ao anoitecer para discutir a sorte de uma resistente antinazista (Vanessa Redgrave) em Berlim ou problemas de técnica literária, e onde Hellmann, pouco depois, esperava, enrolada num cobertor, fumando um cigarro atrás do outro, que Hammett terminasse de ler (dentro da casa, como se deve) sua última peça de teatro, e voltasse para perto dela a fim de lhe dar seu parecer. Sim, creio que foi com *Julia* — ou seja, em 1976, quando, aspirante a escritor, eu estava pronto para mimetizar-me de imediato com qualquer protocolo mais ou menos convincente que me permitisse forjar uma personalidade literária — que aprendi a idolatrar, um pouco inexplicavelmente, devo dizer, esse estranho, incômodo, áspero paraíso de hostilidades no qual se transformava a praia quando caía nas mãos do imaginário literário ou intelectual, o prazer misterioso, estoico, provavelmente cristão, de escolher um lugar só para privar-se — e poder se gabar de privar-se — de todas e de cada uma das felicidades que proporcionaria se só o escolhesse alguns meses ou algumas semanas mais tarde, e principalmente o romantismo um pouco sacrificial de compartilhar o frio, o vento, as penúrias que, como condecorações, administrava essa praia "séria", desterrada do verão — de compartilhá-las com uma mulher. Como já me ocorrera com a política de Ernest Hemingway de escrever em lugares públicos, bares, terraços, restaurantes, salões de hotéis, que me deslumbrou assim que a conheci, lendo *Paris é uma festa*, e da qual tentei me apossar imediatamente, sem sequer parar para pensar se o frenesi íntimo e indolente que eu confundia então com o exibicionismo e a *nonchalance* pública apregoados por Hemingway — fisicamente tão parecido, por outro lado, com o Velho Gesell, que varria os hippies na costa atlântica —, vi *Julia*, vi os corpos de Jason Robards e Jane Fonda tremendo de frio na praia, vi o bule de café sendo aquecido diretamente no fogo, vi as mãozinhas de Fonda envolvendo-se nos punhos do pulôver, vi Robards fumando e fazendo cara de aquecido — como se ao tragar acendesse uma gratificante estufa pulmonar — e pensei, mortalmente ferido em minha dupla sensibilidade de amante da praia e de aprendiz de escritor: "Assim, assim, assim e não de outro jeito tem de ser a minha vida".

E foi, com efeito, durante alguns anos, os suficientes, e suficientemente persistentes, para que os outonos, os invernos e mesmo as primaveras temporãs, ou seja, todas as estações em que o serviço meteorológico e as inclemências da costa atlântica desaconselhavam qualquer uso da praia, deixassem de ser a amável experiência urbana que sempre tinham sido, civilizada por uma cidade resistente a se deixar intimidar pela natureza, aquecedores com fluxo balanceado, táxis mornos e uma vida em geral sob um teto, e se transformassem, ofuscadas pelo modelo romântico de *Julia*, em longas sessões de tortura junto ao mar, que só o anseio de autoconvencimento mais encarniçado podia fazer com que celebrássemos como deliciosos transes amorosos. Tão encasacados que tínhamos dificuldade em caminhar, extenuados pelas tentativas, todas abortadas, de acender a lareira da casa em que vivíamos, por outro lado bastante confortável, nós nos mandávamos para a praia confiando na misteriosa superstição de que o frio e o vento e a umidade seriam, em seu contexto natural, a céu aberto, menos hostis ou, em todo o caso, menos perceptíveis do que acabávamos de comprovar que eram, talvez por contraste, entre as quatro paredes e sob o teto de um equipado chalé de veraneio. E na praia, três ou quatro quadras mais tarde, distribuídas, para piorar, numa sequência de subidas e descidas exaustivas, esperavam-nos todas e cada uma das armadilhas mortais que as cenas de *Julia* tinham nos apresentado como o cúmulo do romantismo: a luz branca do inverno, ofuscante se muito intensa, de uma tristeza infinita quando começava a declinar, coisa que fazia tão cedo, aliás, que mal tínhamos conseguido neutralizar o assédio ambiental e fabricar para nós um espaço de conforto mínimo, suficiente, ao menos, para poder acender um cigarro sem gastar uma caixa de fósforos inteira ou nos olhar nos olhos sem que as rajadas de areia nos obrigassem a fechá-los de imediato, e já não nos restava outro remédio senão empreender a volta; a areia úmida, ideal para as brincadeiras de pegadas de que gostam tanto os apaixonados, mas letal, absolutamente letal, para as botinhas de camurça, as alpargatas de lona ou as sandálias com meias que nos ordenava calçar, em nome da vocação desafiante ou de uma cuidadosa negligência, nossa condição juvenil; o mar, enegrecido por uma espécie de penumbra universal que parecia se apossar do dia, revolto, sujo, carregado dessas toneladas de espuma iodada que depositava na margem para deixá-las se corromper, com o correr dos minutos, na companhia das algas, dos peixes mortos, dos restos de moluscos e de comida, dos cadáveres de gaivotas e lobos-marinhos pacientemente eviscerados por gaivotas, do qual nos mantínhamos a uma distância prudente mas do qual mesmo assim nos chegavam, periodicamente trazidos pelo vento, o cheiro de podridão e o açoite de milhares e milhares de gotinhas diligentes, assombrosamente ubíquas, que buscavam asilo em nossos gorros, nossos cachecóis, nossas incompetentes luvinhas de lã.

Não: por mais compenetrados que estivéssemos com o ideal Hammett-Hellmann, não íamos — *ninguém* vai — à praia no inverno para aproveitá-la. O romantismo do fora de temporada nunca é hedonista; é eminentemente sacrificial, ou seja, ao mesmo tempo cristão e proletário; daí que a praia só tenha algum lugar no imaginário natural da esquerda em seu estado mais inóspito, quando o que faz não é alimentar circuitos de prazer, e sim pôr à prova resistências, estoicismos, capacidades de trabalho, místicas. Diferentemente da praia de verão, dissoluta e complacente, o romantismo da praia invernal, com seu arsenal de carências, exigências e contratempos, encerra a única droga da qual a esquerda continua reivindicando com ênfase o vício: *épica*. Jovens, íamos a Pinamar ou a Gesell em pleno julho não para desfrutá-las e sim para provar que podíamos *sobreviver*, que o amor, a paixão e o desejo eram mais fortes que a paisagem descarnada e inimiga em que se transformara nosso paraíso de janeiro. Íamos para passar pela única experiência sem a qual não há épica que não desfaleça: a experiência da *solidão*; ou seja, a experiência de uma intimidade sem atenuantes, distrações nem pretextos: uma intimidade hardcore. Íamos para ser *únicos*, para depois, seis meses, um ano mais tarde, exumar as fotos do transe e confirmar nossa excepcionalidade, deliciando-nos com o espetáculo de nossas silhuetas, únicas, recortadas contra o fundo da praia vazia, de um cachorro, único, farejando uma estaca de madeira num molhe, da única barraca armada, da única cadeira de vime disponível, do único bar aberto em todo o balneário. E se não nos irritava descobrir que nesse ermo não estávamos totalmente sozinhos, se quando, ajustando um pouco a vista, compreendíamos, apesar de nosso pesar de militantes, que aquilo que gostaríamos de tomar por dois vulgares troncos apodrecendo cravados na areia era na verdade um casal, um casal como nós, um casal de apaixonados hirtos, com os cabelos alvoroçados, as faces crestadas de frio e um entusiasmo suspeitosamente desproporcional, exatamente como nós, se mesmo assim, longe de nos desanimar, sentíamos recrudescer a euforia, era porque — como acontece nas épicas de esquerda — já não apenas nos sentíamos sós; agora, como os vampiros, nós nos sentíamos *juntos na mais absoluta solidão*. Fugíamos, pois, da praia, e corríamos em busca de refúgio no povoado — mas só aceitávamos que a praia era algo do qual tínhamos que fugir quando imaginávamos o amparo encantador com que o povoado nos consolaria.

Não sei "nós"; o que eu recordo hoje, em todo o caso, é de dois órfãos apoiados um contra o outro, com os pés completamente úmidos, patrulhando ruas de terra entre obras em construção paradas, tontos pela violência com que o vento sacudia os anúncios de aluguel contra as sacadas dos apartamentos, nunca tão feios como no inverno, e nas portas dos locais vazios. Cedo ou tarde, as duas promessas, "amparo" e "encantador", convergiam — neutralizando-se mutuamente — no bar que rematava a avenida principal, La Ventola, ou La Lucarna, ou La Luciérnaga, sabe-se lá, que pela esquina privilegiada em que estava situado, ao mesmo tempo em plena área urbana e na frente da praia, que parecia desdobrar-se inteira através de seus vitrôs, e por seus croissants, diminutos e sempre, segundo os garçons, "recém-saídos do forno", era um destino inexorável nas madrugadas de verão, quando, recém-desembarcados do ônibus que nos trazia de Buenos Aires, ainda bocejando e com o corpo entorpecido pelas oito horas de viagem noturna, mas já intoxicados de felicidade pelo mês de férias virgem que nos esperava, decidíamos tomar o café da manhã antes de nos encaminharmos para a casa, e também nos entardeceres prematuros do inverno, quando o resplendor amarelado de seus lampiões (La Farola?), frouxo, sempre beirando a extinção, era, contudo a única luz, além do branco-morgue das luzes fluorescentes dos postos de gasolina, que se atrevia a desmentir a noite iminente.

Mas do enxame de garçons do verão, desajeitados, embora sempre dinâmicos, empenhados em disfarçar a inabilidade com a mesma energia, o mesmo espírito de iniciativa que lhes servia, entre um pedido e outro, para notar possíveis namoradas entre as garotas sentadas às mesas que caíam em sua jurisdição — desse grêmio-chave e ao mesmo tempo problemático, que reunia em cada um de seus afiliados dois mundos que para o paradigma do verão eram altamente incompatíveis, o trabalho e o ócio, só restavam agora um ou dois, muitas vezes nem sequer garçons, mas o próprio dono do lugar, ou sua mulher, ou seu irmão, decididos a abrir em julho, com uma temperatura de dois graus, menos por vocação do que para evitar o lucro cessante, por não ter nada melhor a fazer nem onde, por assim dizer, cair mortos, o que sem dúvida explicava o tempo que demoravam, quando, já sentados a uma mesa junto da janela, fazíamos sinais para eles, a levantar os olhos do jornal comunitário no qual estavam imersos, e nos levar em conta, o modo atormentado, como que de Sísifos de praia, com que arrastavam os pés, enfronhados em grossas meias de alpaca peruana mas calçados com as mesmas sandálias que usavam no verão, e chegavam numa agonia mal-humorada até nossa mesa, a apatia com que anotavam nosso pedido, com frequência interpretando-o erroneamente, porque ainda absortos na notícia de futebol que estavam lendo, não lhe prestavam a menor atenção, e quase sempre frustrando-o, porque — delícias do romantismo de baixa temporada — a máquina de café, desligada para não gastar, demoraria entre vinte e vinte e cinco minutos para aquecer, e os únicos croissants que restavam — fruto da inesperada doença gástrica que havia encarcerado em Madariaga o responsável pela confeitaria — estavam há quarenta e oito horas definhando em uma estufa de vidro.

Ali nós ficávamos horas, primeiro extasiados com o mar pelo próprio mar, com a maneira com que a distância e uma janela de vidro reduzia sua ameaça a um alarde sombrio de histrionismo e a transformava num espetáculo, depois outra vez com o mar, mas agora não pelo mar em si, cuja obstinação, por mais tempestuosa que fosse, já havia começado a nos cansar, mas apenas para nos distrair da imagem desoladora dos velhos alfajores de maisena, do chá pobre, das *bay biscuit* rançosas às quais tínhamos acabado por nos resignar, e assim que saíamos dessa espécie de estupor para descobrir, logo que a porta se abria e um vendaval fazia voar, junto com nossos gorros, luvas e cachecóis, os guardanapos mil e uma vezes escritos e os carrinhos construídos com o papel-alumínio dos maços de cigarros, que o casal de vagabundos que acabava de entrar, e que de repente seria submetido ao mesmo calvário de indigências que nós, era o mesmo que tínhamos detectado na praia, o

mesmo com que toparíamos depois no supermercado, na padaria, na banca de jornais.
E fumávamos. Fumávamos sem parar. Meu Deus, Hammett: como fumávamos. Nunca fumei tanto, nunca precisei tanto e *apreciei* tanto fumar, não só tragar baforadas de fumaça ardente, mas o ritual de soltar o filete dourado que decapitava o envoltório de celofane, bater a cabeça do maço contra o indicador para fazer brotar um cigarro e acendê-lo protegendo a chama com as mãos (típico *lapsus* de praia: executar em interiores um comportamento de ar livre) como na praia no inverno. Denominávamos isso de "experiência"; essa solidariedade de náufragos chamávamos de "intimidade"; esse catálogo de privações, de "romantismo". Pode ser que o amor, como a necessidade geral do próximo nos acidentes aéreos, saísse fortalecido dessas emergências eletivas. Não éramos frívolos, sem dúvida, e três ou quatro dias depois de chegar, sem tomar banho e com a roupa suja, porque o responsável pelo gás, demorando-se numa clínica dos arredores pelo lento trabalho de parto de sua mulher, deixara os botijões de gás fechados à chave e a carga dos que havia em casa, remanescente da opulência estival, dava apenas para o mate de festejo da chegada, qualquer um que nos surpreendesse nessas derivas rueiras com as pontas dos dedos amarelas de nicotina e os olhos avermelhados pelo *Drambuie*, um licor de uísque enjoativo, sim, mas o único com o qual a lareira de lenhas aceitava combinar-se sem protestar, poderia muito bem nos tomar por um par desses hippies recalcitrantes que abonavam o mito da praia quando o resto do universo o deixava cair, ou pelos sósias juvenis do Hammett e da Hellmann

de *Julia*, um casal de intelectuais que procurava nos rigores da praia invernal não apenas uma comunhão profunda mas também a têmpera, o gume, a resistência capaz de exigi-los como nada na cidade — familiar demais, dócil demais — se animava mais a exigir. Mas éramos felizes?

Pergunto da praia a uma jornalista brasileira que conheço. Ela me responde: "As que mais me agradam são as praias 'tristes' de países frios. Lugares como Foz do Porto, em Portugal, onde velhinhos caminham abrigados em roupas cinzas, ou Brighton, Inglaterra, onde chove e não há areia, mas pedras. São tão lindas". Como não adivinhei? Para os filhos do sol, do samba e do sexo, a praia eufórica e o verão só podem ser meras ênfases, redundâncias. Se tivesse me visto desembarcar no Rio de Janeiro em julho de 1970, muito orgulhoso de minha condição de debutante múltiplo — primeira vez que experimentava na própria carne esse paradoxo chamado *férias de inverno*; primeira vez que viajava de avião; primeira vez que saía do país; primeira vez que cotejava a Villa Gesell de Carlos Barocela com a praia internacional de Vinicius de Moraes —, provavelmente minha amiga teria reconhecido em mim, na bagagem inconfundivelmente argentina com que pisei com meu irmão e meu pai na areia de Copacabana — o branco lunar de minha pele, minha absoluta falta de ritmo, o efeito de inibição que me causava estar encurralado por uma língua estrangeira, meu medo doentio dos ladrões, tema de conversa quase exclusivo, naqueles anos, nas agências de viagem portenhas —, todos os defeitos virtuosos dos quais anos mais tarde sentiria falta nas praias do hemisfério norte. Lembro-me da decepção que me causou a areia, tão branca como a que me haviam descrito, mas muito mais espessa que a farinha, como eu, sabe-se lá por que, sempre a imaginara, e o estupor de enganado com que comprovei naquele primeiro dia, apenas dez ou vinte minutos depois de deixar as malas nos quartos do hotel Glória, para mim, naquele momento, sem dúvida o mais luxuoso que jamais fora construído sobre a terra, a que ponto a praia, um terreno que os argentinos, segundo minha experiência gesellina, só concordavam em utilizar para a prática do futebol utilizando suas zonas mais lisas e úmidas, era em suas partes mais moles e irregulares o berço, a superfície-mãe na qual os brasileiros aprendiam a destreza diabólica que depois desfraldavam no gramado dos campos. (Duas ou três partidas organizadas do nada por meu pai contra uma junta de adolescentes locais — um dos quais, Luizinho, com o passar dos dias se transformaria em mais um membro da família — puseram o preto no branco, como se diz, das diferenças: eles jogavam, nós nos cansávamos; eles jogavam, nós tossíamos; eles jogavam, nós tentávamos nos esquivar das frestas que pareciam se abrir a cada passo na areia, por onde se perdiam nossos passes e nossas pernas; eles jogavam, nós nos recriminávamos.) Mas além do espanto maravilhoso que me causava estar na praia e tomar banho de mar em pleno inverno, com uma temperatura de quase trinta graus, algo que me parecia uma dessas incongruências planetárias que só acontecem nos filmes de ficção científica e anunciam, em geral, algum desastre particularmente catastrófico, lembro-me mais de duas coisas, duas fases de uma curiosa via-crúcis pessoal: a vergonha que tinha de minha pele, tão branca, tão sensível, tão frágil, tanto que desde então nunca pude deixar de associá-la a nomes como Nivea, Coppertone, Sapolán Ferrini, Caladryl, para mim, naquela época, menos comerciais do que médicos e científicos, naquela praia povoada de negros; e o desconcerto e o desconforto, nuançados com uma pitada de exaltação, que me assaltavam cada vez que uma mulher negra, geralmente uma mãe ou uma avó acompanhadas por seus filhos e netos, interceptava nossas caminhadas e sem dizer nada, com uma reverência atemorizada, estendia a mão e, como se quisesse provar a si mesma que o sagrado é material ou dissipar uma miragem inverossímil demais, tocava meus cabelos.

É preciso dizer que na época eu era loiro, loiro como um menino alemão loiro de propaganda nazista, loiro como nunca mais voltei a ser, loiro como Jack Celliers, o oficial inglês que dez anos mais tarde David Bowie interpreta em *Furyo* (1980) e que, capturado em plena Segunda Guerra Mundial pelo exército japonês, vai parar num campo de prisioneiros na ilha de Java e enfeitiça com sua loirice o homem encarregado do campo, o capitão Yonoi (Ryuichi Sakamoto), a tal ponto que certa noite, depois de castigá-lo fazendo com que o enterrassem até o pescoço e expondo-o ao sol dias a fio, quando a cabeça de Celliers está de um branco quase fluorescente, ofuscante, Yonoi, aproveitando que o prisioneiro desfaleceu, corta uma mecha de seus cabelos e a leva e desaparece, e quando a noite o engole, uma borboleta noturna, branca, revoluteia ao redor da cabeça cega e pousa no ponto exato onde se deu a mutilação.

Se eu tivesse de odiar a praia, acho que usaria para odiá-la o mesmo ódio com que odeio minha pele, minha brancura de ex-menino de propaganda nazista, minhas sardas, minhas pintas, meus rubores terríveis, que posso tolerar quando delatam pudor e que me assustam quando interpreto que anunciam algum surto de psoríase, a doença que perseguiu John Updike desde a adolescência e que coprotagoniza junto com o sol, o único bálsamo capaz de detê-la, um capítulo extraordinário — "Em guerra com minha pele" — de seu livro de memórias *Consciência à flor da pele*. Como não odiar o estúpido círculo vicioso de que sou feito? Como bom psoríaco, não há nada de que eu precise mais que da radiação ultravioleta para aplacar a proliferação vertiginosa de células — o excesso de pele — em que consiste a doença; como bom branco, e, para piorar, imberbe, nada me ameaça tanto quanto o sol. É possível que naquele inverno de julho de 1970 eu tenha "decidido" renunciar à minha loirice por ter encontrado o único lugar onde me parecia que a apreciavam mais do que eu. Mas não pude renunciar ao que para Valéry é o mais profundo: a pele. E olhe que tentei.

Filho de uma geração que adorou e adora o sol a extremos delirantes, a ponto de fazer do bronzeado o emblema de distinção e de classe que os ingleses do século XVIII só reconheciam na palidez, aprendi muito rápido que na praia o sujeito ia respirar ar puro, tomar banho de mar, caminhar, brincar, praticar esportes, relaxar, mas ia principalmente se queimar; ou seja, contra as teses antropológicas mais arraigadas, ia passar do regime do cru (da cultura) ao do cozido (a natureza). Isso, os privilegiados, os que, desenhados a partir do vamos não só tolerar a dimensão ultravioleta do mundo mas principalmente desfrutá-la, eram capazes de percorrer todo o *cursus honorum* que Camus descreve em "O verão" ("do branco ao dourado, depois ao pardo, por fim ao tabaco") sem pular etapas, numa continuidade fluida e equilibrada, e, principalmente, sem se demorar nessa zona de transição indigna, condenada unanimemente por esses especialistas em carne que são os churrasqueiros, o *arrebatamento*, com seus rosados fulminantes, seus vermelhos álgidos e seus descascamentos precoces, nos quais costumamos nos instalar durante boa parte das férias, confundindo-a com uma condição estável, os hipersensíveis como eu, gente esquiva e ressentida que só se consola de seus déficits de pigmentação quando a praia lhe oferece um espetáculo único, quase extraterrestre, de um albino caminhando vestido dos pés à cabeça entre um mar de corpos seminus. Quarenta anos adorando a praia e creio que experimentei de tudo: a alegre carbonização (quando menino, sob os efeitos da radical heliolatria paterna, para quem barracas e guarda-sóis eram coisas de maricas e os cremes só eram tolerados *depois* do banho de sol, nunca durante), a indiferença adolescente (aos catorze, estar queimado era a pior frescura de maricas do mundo), a prudência (o ensaio de uma relação homeopática com o sol), o escrupuloso management solar (a administração da radiação com o propósito, sempre inconfessável, de obter um bronzeado perfeito e adiar ao máximo o princípio do fim, esse momento fatídico em que os dedos detectam que a pele do nariz ou de um ombro, finalmente de um tostado perfeito, torna-se fina e seca e começa a se enrugar feito papel), a contestação (os albinos jamais integrarão as filas dos adoradores do sol, mas todo adorador de praia em crise com o despotismo solar sempre pode abraçar a causa albina em sinal de protesto e se exibir com roupa de beduíno e um livro de quinhentas páginas sob a axila enquanto o resto do mundo frita alegremente), a resignação (para me queimar como se deve, gradual, uniformemente, com todas as precauções que a hora exige, deveria *dedicar-me* ao sol de maneira exclusiva, com um fanatismo de egípcio). E se experimentei tudo foi porque compreendi muito precocemente o quanto a relação entre a pele e o sol decide o classismo (e o racismo) que impera na praia.

A questão continua sem se resolver, e talvez não se resolva nunca. John Updike diz que foi a psoríase que o transformou num viciado em sol, que o condenou a desejar a praia como seu único habitat possível, que em setembro e outubro, com os primeiros frios do outono, sinal inequívoco do começo do pesadelo para todo doente da pele, obrigava-o a fugir dos Estados Unidos, a mudar de hemisfério, a passar longas temporadas em ilhas do Caribe. "Para mim, o peso do sol sobre a pele sempre significava isto: estava me redimindo, arrastava-me de volta à humanidade, de volta da deformidade e da vergonha", escreve em suas memórias. Decidi travar o mesmo tipo de combate há alguns anos, atormentado por duas míseras plaquinhas que me decoravam desagradavelmente a frente de uma perna. Consagrei os vinte dias de minhas férias em Cabo Polonio a metralhá-las com o sol, até que ficaram reduzidas a duas sombras irregulares, de bordas simpaticamente fractais, que com o tempo vão se apagando e provavelmente irão desaparecer. De qualquer modo, sei que nunca, nem sequer nas ocasiões excepcionais em que cumprir ao pé da letra o protocolo dos banhos solares, poderei voltar de férias na praia e reencontrar meu pai sem sentir o escrutínio implacável, a avaliação, quase o tribunal, a que seus olhos submetem minha laboriosa, persistente, sacrificada cor de vinte dias de sol, e a fatal decepção com que mais uma vez me anunciam que o desprezam. E, no entanto, se tivesse de escolher algo, um elemento, um emblema que representasse para mim de maneira imediata e irreflexiva a experiência da praia, jamais escolheria nada que estivesse ligado à água, ao mar, ao fresco, ao úmido. Pensaria (sem pensar) em meus pés queimados, nos peitos de meus pés queimados, descalços, pisando esses caminhos de madeira barata que se põem nas praias para evitar que as pessoas esfolem as plantas dos pés caminhando sobre a areia. Assim, mesmo quando o sol corre o risco, sempre, de complicar tudo, minha Ideia de Praia — esse cristal onde se revela não o que a praia é, mas, antes, o que eu desejo dela — é uma vulgar apoteose do Seco: seca a areia, secos os tabuões de madeira, secos meus pés, secas as plantas de meus pés, tão calejadas já pela vida que parecem indestrutíveis.

É essa utopia da desidratação, creio, a primeira vítima que a praia cobra no inverno, e talvez por isso hoje eu recorde como o pior dos tormentos, a traição inadmissível, não tanto a mim como a uma espécie de *essência* da praia, essas escapadas para o mar em pleno julho. Cada vez que volto a pisar descalço essas pranchas de madeira que o sol começa a curvar para cima reconheço, além de uma sensação e, de certa maneira, de uma mitologia (a do ex-civilizado que em contato com a natureza desenvolve uma segunda pele muito mais resistente que a primeira), uma evidência principalmente abstrata, intelectual, que me enche de um alvoroço que as sensações, por mais intensas que sejam, raras vezes me infundem: reconheço que meus pés compartilham com a madeira e a areia uma mesma qualidade — o seco —, mas que isso que compartilham não os obriga a se ligar, não lhes impõem renunciar a nada se perdendo numa mistura. Há aqui certa ressonância analítica que me fascina: o seco tende à discriminação, à distinção, ao esmigalhamento; o seco é *preciso*, e essa precisão parece representar um valor que me é estranhamente próximo: uma espécie de *comunhão não adesiva*, em que as coisas e os seres podem se encontrar e se conectar sem que se vejam comprometidos a confundir-se. Embora eu goste do mar, de sua condição ao mesmo tempo monótona e complexa (por outro lado, compartilhada com a areia), e do modo sutil em que a temperatura baixa quando deixamos a areia macia e nos dirigimos à margem, e dos aguaceiros impertinentes que irrompem, como miragens, em meio a um dia ensolarado, e da lógica elementar da satisfação (ou talvez de *alívio*) que rege a praia, que consiste em acumular calor e secura para depois contradizê-los com um choque brutal de valores opostos, do deserto e da ilha, os dois paraísos mutilados que a praia, a seu modo, reconcilia e completa, eu escolho sem dúvida o deserto; escolho a areia (e ponho a água entre parênteses); escolho o classicismo, a nitidez abrasiva, o poder inspirador do que se deixa reduzir, isolar, decompor, e até mesmo — por mais disparatado que isso soe — enumerar. Pensando bem, talvez reapareça aqui a sombra, o reflexo desse mesmo gozo da privação que eu tentava antes afugentar, denunciando-o como cristão e sacrificial, quando descrevia o calvário da praia fora de temporada. Talvez, urbano recalcitrante que sou, boa parte da sedução que a indigência de Cabo Polonio exerce sobre mim repouse justamente na quantidade de impossibilidades às quais me submete e às renúncias que me exige. Falei dos pés queimados, do toque delicioso de suas plantas enrugadas contra a madeira tosca, dos grãos de areia deslizando — nunca grudando — sobre os peitos dos pés. Esse é, pois, meu ícone, meu modesto, meu quase franciscano fetiche de praia. Mas qual é minha *cena*? Alejandra Pizarnik parece adivinhá-la quando confessa em uma entrada de seus *Diários*: "Estou em St. Tropez, ou seja, a três quilômetros de St. Tropez. Em vez de ficar fechada no quarto deveria ir visitar a cidade, conhecer as antigas ruelas, olhar as pessoas. Para mim, voltar de um lugar sem tê-lo visto é motivo de orgulho. Dizer 'não' em vez de 'sim' me emociona".

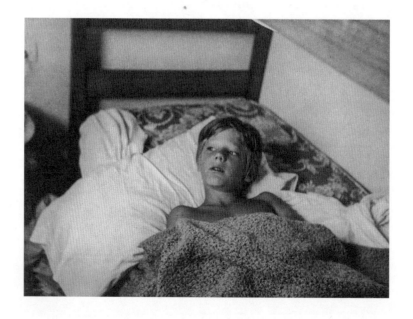

Na cena há um menino. Tem dez ou onze anos. Está de férias na praia, um lugar que associa com a forma mais perfeita da felicidade e onde desenvolve uma atividade incansável, diante da qual ele mesmo não consegue deixar de surpreender-se. Um dia acorda, engole, sente certo desconforto na garganta. Tem um pouco de febre. Decidem que deve ficar em casa. O menino reage mal e se amargura: é um dia esplêndido, não há uma gota de vento, o mar — pela janela de seu quarto vê flamejar a bandeirinha verde — deve estar ideal para nadar, não lhe custa nada imaginar seus amigos, todos asquerosamente saudáveis, precipitando-se a toda para a margem, tomados de um entusiasmo que pela primeira vez lhe parece o cúmulo da vulgaridade. "Por que eu?", pergunta-se. "Por que logo comigo e hoje, com este sol?" — enquanto ouve a porta da casa se fechando, e depois, sincopadas, as do carro, e depois o motor e as vozes se afastando, até que tudo fica em silêncio. Zanza um pouco pela casa, mas tê-la toda para si, ele que gostaria de estar em qualquer lugar menos ali, entre quatro paredes, é um privilégio inútil ou uma ironia. Refugia-se em seu quarto. Está cansado; seu corpo dói e sente um gosto estranho na boca, como de levedura. Com as poucas forças que tem baixa a persiana até que o quarto fica quase às escuras. Mete-se na cama: o frescor dos lençóis recém-trocados lhe dá calafrios. Olha seus modestos luxos de doente: o copo de suco na mesa de cabeceira, o abajur aceso, o livro que, distraído pelas tentações das férias, vem adiando uma e outra vez e que agora exuma dentre as revistas entulhadas no revisteiro, todas velhas, como ele gosta que sejam as revistas que lê na praia. Pensa em todas as brincadeiras que não vai brincar, em todas as ondas que não vai furar, em todos os sorvetes que não vai tomar, em todas as vezes que não vai fazer xixi na água. Pensa em tudo o que não vai viver, e enquanto aproxima o copo de suco e se acomoda na cama e abre o livro, percebe quase com escândalo que não está triste, que gosta da escuridão, que os tênues raios luminosos do dia que se infiltram pela persiana são mais belos que o dia, que não precisa de nada nem de ninguém, que pode meter os pés até o fundo sem que a cama se desarrume, que esse volumezinho que descobre escondido no bolso do pijama é o chiclete de morango que pensava ter perdido e que o livro que acaba de abrir e que já fecha sua armadilha sobre ele, uma armadilha que nunca mais voltará a se abrir, é, como demonstrarão as quatro horas ininterruptas que passará com ele, nele, tão longe de tudo que a febre, a garganta avermelhada e a dor nos músculos lhe parecerão contratempos vividos por outro, noutro país e noutra época, e seus pais e irmãos e amigos e o mundo em geral, alvo, antes, de sua inveja e de seu ódio, porque podiam fazer tudo o que lhe estava proibido, irão diminuir, perder definição, cor, movimento, até se transformarem em pálidos mortais — que esse livro é o *outro* lugar que tem a forma da felicidade perfeita, e que, como escreveu alguém que ele lerá vinte anos mais tarde, quando já não estiver circunstancial mas *cronicamente* doente, tanto que só será capaz de fazer a única coisa que quer fazer, queimar os olhos lendo, talvez não tenha havido dias em nossa infância mais plenamente vividos do que aqueles que passamos com o livro pelo qual mais tarde, uma vez que o tenhamos esquecido, estaremos dispostos a sacrificar tudo.

ESTA OBRA FOI COMPOSTA EM MERIDIEN PELO ESTÚDIO O.L.M./ FLAVIO PERALTA E IMPRESSA EM OFSETE PELA GRÁFICA PAYM SOBRE PAPEL PÓLEN BOLD DA SUZANO S.A. PARA A EDITORA SCHWARCZ EM JANEIRO DE 2023

A marca FSC® é a garantia de que a madeira utilizada na fabricação do papel deste livro provém de florestas que foram gerenciadas de maneira ambientalmente correta, socialmente justa e economicamente viável, além de outras fontes de origem controlada.